사랑에 항복하다

데이비드 베너 지음 _ 김성환 옮김

Ivp

IVP(InterVarsity Press)는
캠퍼스와 세상 속의 하나님 나라 운동을 지향하는
IVF(InterVarsity Christian Fellowship)의 출판부로
생각하는 그리스도인을 위한 문서 운동을 실천합니다.

Originally published by InterVarsity Press
as *Surrender to Love* by David G. Benner
ⓒ 2003 by David G. Benner
Translated by permission of InterVarsity Press
P. O. Box 1400, Downers Grove, IL 60515, U. S. A.

Korean Edition ⓒ 2005 by Korea InterVarsity Press
156-10 Donggyo-Ro, Mapo-Gu, Seoul 04031, Korea

Surrender to Love

Discovering the Heart of
Christian Spirituality

David G. Benner

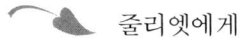 줄리엣에게

차례

머리말: 의탁, 사랑, 영성......9

1. 모든 것은 사랑에서 시작된다......15

2. 사랑과 두려움......37

3. 의탁과 순종......59

4. 사랑에 의한 변화......81

5. 사랑이 되다......101

후기: 영적 여정......119

주......125

머리말: 의탁, 사랑, 영성

몇 해 전 어느 여성에게 이메일을 받았다. 그녀는 내가 이전에 쓴 책들을 아주 좋아했는데, 최근에 쓴 책에서 납득하기 어려운 점을 발견했다고 했다. "의탁할 것을 권하다니 도저히 믿을 수가 없군요. 심리학자로서 당신은 누구보다도 타인에게 복종하는 것의 위험을 잘 알고 있지 않나요?" 그녀는 계속해서 내가 영적 인도자로서 무책임하며, "인간 관계에서 힘이 남용되는 것을 무분별하게 간과하는 전형적인 남성"이라고 비난했다. 내가 그녀의 심기를 건드린 것이 분명했다.

나는 이 여성에 대한 이야기를 조금 뒤에 더 다룰 것이다. 이 이야기는 하나님의 사랑에 의탁하는 것의 놀라운 가능성을 극적으로 보여 주기도 하지만, 반면 의탁이라는 개념이 어떤 이들에게는 매우 두려운 것일 수 있다는 사실을 일깨워 준다.

의탁(surrender)이라는 개념은 최근 들어 이해하기 어려운 것이 되었다. 어떤 이들은 그것을 복종(submission)과 비슷한 것이라고 생각한다. 어떤 이들은 종속, 혹은 개인적인 힘의 포기라고 여기기도 한다. 결과적으로 어떤 사물이나 존재에 의탁한다는 개념은 미심쩍은 것이 된 것이다.

그러나 그러한 달갑지 않은 인식에도 불구하고 의탁은 대부분의 주요 종교들과 영성 전통에서 결정적인 개념으로 여겨져 왔다. 그것은 결코 연약함의 표현이 아니다. 자신보다 더 큰 어떤 것, 혹은 어떤 존재에 의탁하는 것만이 자신을 가두는 자기 중심적인 감옥을 벗어나 넉넉한 자유로움을 갖게 되는 길이다. 의탁하는 것만이 능히 고립과 소외를 극복하게 한다.

그리스도인들은 대부분 의탁보다는 순종(obedience)에만 초점을 맞춘다. 두 개념은 밀접한 관계가 있지만 중요한 몇 가지 차이점을 갖고 있다. 앞으로 자세히 다루겠지만 의탁이야말로 그리스도인의 영성의 밑바탕이 되며, 순종이 자라는 토양이 된다. 그리스도는 단순히 맹종을 원하시지 않는다. 그는 마음을 원하신다. 그는 우리의 사랑을 원하시며, 우리에게 사랑을 베푸신다. 그리고 우리가 그의 사랑에 의탁하도록 부르신다.

기독교는 사랑에의 의탁을 영적 여정의 중심에 둔다. 그리스도를 따른다는 것은 하나님이 긍정하시는 것을 함께 긍정하는 것이다. 사랑에 대한 반응으로 그리스도를 따르는 것이 아니라면 그는 그리스도인이라고 말할 수 없다.

기독교는 위대한 사랑의 종교다. 기독교의 하나님은 사랑으로, 사랑 안에서 그리고 사랑을 위해 우리에게 다가오신다. 기독교의 하나님은 사랑으로 호소하시며 사랑을 통해 우리를 변화시키신다.

서구 문화는 낭만적이고 감상적인 관점으로 사랑을 사소한 것으로 만들고 있지만, 사랑은 여전히 우주에서 가장 강력한 힘이다. 중력은 궤도를 순회하는 행성들을 유지하고, 핵력은 원자를 뭉치는 힘이 있지만, 오직 사랑만이 사람을 변화시키는 힘이 있다.

오직 사랑만이 굳은 마음을 부드럽게 하고 부서진 신뢰를 회복시킬 수 있다. 오직 사랑만이 진정한 자기 희생의 동기가 되며, 두려움의 압도적인 영향력에서 우리를 자유롭게 한다.

인생을 살면서 사랑하는 것과 사랑받는 것을 배우는 것보다 소중한 것은 없다. 예수님은 사랑이야말로 영적 변화의 목적이라고 말씀하셨다. 정신 분석학자들은 사랑을 심리적 성장의 극치라고 여긴다. 사랑을 주고받는 것은 인간 존재의 본질이며 그것이 우리의 존재 이유인 것이다.

이 책은 사랑에 관한 것이다. 그것은 부드럽고 감상적인 사랑이 아니라 영혼을 변화시키는 강력한 사랑이다. 그리고 이 책은 우리가 간혹 사랑을 두려워한다는 역설과, 사랑이 우리를 가장 깊은 두려움으로부터 자유케 한다는 사실을 다룬다. 이 책은 또한 사랑에 의탁하지 않고 다른 것을 향해 걸어가는 영적 여정의 결과를 탐구한다. 그리고 이웃과 하나님을 진정으로 깊이 사랑하는 자가 되기 위한 첫 번째 단계로서 먼저 자신이 하나님께 깊이 사랑받는 존재임을 깨닫는 것의 중요성을 다룬다.

이 책은 사랑에 관한 것이므로, 동시에 의탁과 영성에 관한 것이기도 하다. 사랑은 의탁을 요구한다. 그리고 의탁하는 것은 영성의 핵심이라고 할 수 있다. 사랑과 의탁과 영성의 결합은 사랑의 본질과 인간의 본질에서 흘러나오는 것이다.

칼 융(Carl Jung)은 사랑과 영성은 밀접한 관계가 있는데 그 가운데 의탁이 가장 중요하다고 한다. 사랑은 "무조건적인 신뢰를 요구하며 절대적인 의탁을 기대한다. 하나님께 전적으로 자신을 맡기는 자만이 하나님의 은혜에 참여할 수 있는 것과 같이, 무조건적으로 헌신할 수 있는 자들에게만 사랑의 가장 숭고한 비밀과 신비가 드러나는 것이다."[1]

의탁이란 진정한 영성의 일부분인 동시에 진정한 사랑의 일부분이기도 하다. 사랑은 포기와 친밀함을 요구한다. 사랑은 고립으로부터의 해방과 집 같은 소속감을 갈구하는 우리 영혼 깊은 곳에 속삭인다. 사랑은 관계와 친밀함에 대한 갈망을 일깨우는 영혼의 언어로 말한다.

영혼의 가장 큰 갈망은 관계와 소속에 대한 영적인 갈망이다. 그 누구도 고립된 삶을 살도록 지음받지 않았다. 존 오도너휴(John O'Donohue)는 말한다. "피조물 가운데 그 어떤 것도 스스로는 진정한 만족을 찾을 수 없다. 그 어떤 것도 자기 스스로와 연합할 수는 없다."[2]

우리는 사람이나 소유물, 성취를 통해 고립에서 벗어나고자 한다. 그러나 이러한 것들은 인간 마음의 끊임없는 욕구를 충족시켜 주지 못한다. 인간이 된다는 것은 하나님과의 친밀한 관계를 위해 설계되었다는 것을 의미한다. 그래서 관계에 대한 갈증은 영적인 것이다. 사랑, 관계, 의탁에 대한 욕구야말로 우리 인간됨의 핵심을 이룬다.

타인들로부터 절대적으로 고립되는 체험만큼 깊은 두려움을 자아내는 것도 없을 것이다. 마찬가지로 사랑의 관계만큼 인간의 영에 활력을 주는 것도 없다. 그러한 사랑의 관계는 우리가 홀로 있지 않으며 누군가에게 중요한 존재라는 것을 확신시켜 준다.

사랑은 관계의 접착제다. 사랑은 인간에게 활력을 주는 가장 깊은 근원이다. 사랑은 고립을 극복하게 해주는 유일한 희망이다. 사랑은 의탁을 요구하며, 우리가 갈구하는 친밀함과 깊은 교제를 제공한다.

나는 심리학자이자 영적 인도자로서 사람들이 사랑을 주고받도록 도울 수 있었던 것을 축복이라고 생각한다. 사람들과 함께 정신과 영혼의 온전함을 향해 걸어온 지난날의 여정은 사랑에 대해 배울 수 있는 풍성한 기회였다. 이 책에서 말하고자 하는 내용들은 그러한 나의 경험에서 온 것이다.

그러나 인간으로서 그리고 그리스도인으로서 걸어 온 개인적인 삶의 여정이 이러한 배움을 얻는 데 더 중요한 역할을 하였다. 나는 내가 무조건적으로 깊은 사랑을 받고 있다는 것을 알고 있지만 여전히 계속해서 사랑을 얻기 위해 애쓰는 것을 발견하게 된다. 그리고 나의 갈급함과 두려움을 없애 주겠다고 약속하는 사랑을 받아들이지 못하는 내 모습을 보게 된다. 나는 진정한 사랑을 배우는 과정이 얼마나 어려운지를 깨닫는다. 그리고 가장 중요한 것은, 완전한 사랑이신 그분께 의탁하는 일이 온전함과 거룩함을 약속해 준다는 것을 알게 되었다는 점이다.

이 책에서 내가 대상으로 삼는 사람들은 영적 여정 가운데 있는 그리스도인들이다. 나는 그리스도를 따르는 자로 살아왔으므로, 사랑에 대한 나의 이해는 기독교의 하나님께 사랑받는 체험에 근거한 것이다.

그러나 사랑이 기독교에서 중요한 자리를 차지한다고 해서 사랑의 체험이 그리스도인들에게만 국한된 것은 아니다. 타인을 사랑하는 능력은 모든 사람에게 건강한 자아 완성의 지표다. 사랑의 선물은 온전한 사람이 된다는 것의 의미를 일깨워 준다. 그러므로 이 책에서 말하고자 하는 것은 그리스도인들뿐 아니라 다른 영적인 가르침을 따르는 사람들, 혹은 종교가 없는 사람들에게도 관심의 대상이 될 수 있을 것이다.

이 책의 주제인 의탁, 사랑, 영성은 인생의 세 가지 큰 주제이기도 하다. 서구 문화의 가르침과는 달리, 개인의 성취는 자율적으로 이루어지는 것이 아니라 관계 속에서 이루어지는 것이다. 영성은 하나님과 우리 사이에 존재하는 근본적인 관계를 발견하는 것이다. 그리고 그 관계를 통해 우리는 타인과 세계와 우리 깊은 자아와의 관계를 올바르게 조율해 나간다. 사랑은 그것이 우리가 진정 속하는 곳이라고 속삭이며 마침내 우리가 본향에 돌아왔다고 확신하게 해준다.

만성절에
홍콩 타오퐁샨 크리스천 센터에서

1. 모든 것은 사랑에서 시작된다

잠시 한 가지 단순한 질문을 생각해 보기 바란다. 이것은 당신의 영적 여정의 본질에 대해 많은 것을 암시해 줄 것이다.

"하나님이 당신을 생각하고 계신다고 상상해 보라. 그분이 당신에 대해 어떻게 느끼신다고 생각하는가?"

이 질문에 대해, 놀랍도록 많은 사람이 하나님이 자신들을 향해 실망하실 것이라고 답한다. 어떤 이들은 하나님이 분노를 느끼실 것이라고 생각하기도 한다. 두 경우 모두 사람들은 자신의 죄가 가장 먼저 하나님의 주목을 끈다고 생각한다. 하지만 나는 그들의 생각이 잘못되었다고 생각한다. 그리고 그러한 견해가 가져오는 결과는 엄청난 것이다.

최근 어느 소년의 어머니의 부탁으로 열네 살짜리 소년의 가족과 상담을 하게 되었다. 그 소년이 몰래 어머니의 옷을 입는 것이 발각된 것이다. 부모는 소년의 행동에 충격을 받고 환멸을 느꼈다. 그리고 하나님도 자신들 못지않게 그에게 분노하셨을 거라고 말했다. 그 또래의 아이들이 가끔 그렇듯이 그 소년도 오래 전부터 여자 옷을 입는 습관이 있었음을 알게 되었을 때, 그들은 그 소년이 당장 그러한 행동을 멈추지 않는다면 가족으로 받아 주지 않겠다고 하였다. 그리고 하나님이 영원한 지옥불로 저주하실 거라고 말했다.

하나님에 대한 그 소년의 견해가 부모의 생각과 별반 다르지 않다는 것은 그리 놀랄 일이 아니다. 그는 자신이 하나님께 얼마나 혐오스러운 일을 했는지 알고 있다고 말했다. 그는 생각과 행동을 절제할 수 없었기 때문에 하나님께 용서를 구하기를 멈추었다고 말했다. 하나님께 나아간다는 것은 너무도 고통스러운 일이었다. 그는 하나님이 자신에 대해 어떻게 느끼시는지를 알고 있다고 생각했다. 하나님은 결코 자신을 받아 주지 않으실 거라고 말이다.

나는 이 일로 인해 나의 가족을 생각해 보게 되었다. 우리 부모님은 사랑 표현을 자제하시는 분들이었다. 그것은 그분들이 영국적인 배경을 가진 탓이기도 했고 1950년대와 1960년대 캐나다의 문화를 반영하는 것이기도 했다. 그분들은 분명히 우리 형제를 깊이 사랑하셨다. 그리고 우리가 어떤 일을 할 수 있느냐 없느냐가 그 사랑을 변화시키지 못할 것이라는 것 또한 분명했다. 모든 자녀들이 그렇듯 때로 나는 부모님을 실망시켰다. 그러나 그것은 그렇게 중요한 문제가 아니었다. 나는 그분들이 나에 대해 깊고도 감당하기 벅찬 사랑을 느끼셨다고 확신한다. 그래서 그분들이 하나님도 나를 그처럼 사랑하신다고 말할 때 그것을 쉽게 믿을 수 있었다.

당신이 삶의 체험에 근거해서 하나님에 대해 어떠한 믿음을 갖게 되었는지와 상관없이, 하나님이 당신을 생각할 때 그분의 마음속에 사랑이 샘솟으며 얼굴에 미소가 번진다는 것은 진실이다. 하나님은 인간을 향한 사랑이 넘쳐나는 분이시다. 그분은 창조 세계와 감정적으로 격리

된 분이 아니다. 우리를 향한 하나님의 사랑은 강하고 지속적이며 긍정적이다. 기독교의 하나님은 사랑으로 알려지길 원하신다. 그리고 그 사랑이 하나님과 우리의 관계의 모든 면에 작용한다.

그러나…

이런 말을 하면 몇몇 독자들은 "그러나" 하고 말을 이을 것이다. 이 주제와 관련해 얘기할 때 흔히 듣는 말이 있다. "그러나 당신은 죄에 대해 잊고 있는 것 아닙니까? 죄는 모든 것을 바꿉니다. 특별히 하나님이 우리에게 느끼시는 감정을 말이지요."

나는 여기에 동의하지 않는다. 죄를 잊고 있는 것도 아니고 죄의 심각성을 축소하려는 것도 아니다. 잠시 뒤에 죄에 대해 좀더 말할 것이고 여기선 다만 내가 죄를 매우 심각하게 생각하고 있다는 것을 밝히는 것이 좋을 것 같다. 그렇지만 죄가 모든 것을 바꾼다고 생각하지는 않는다. 특별히 하나님이 인간에 대해 가지시는 감정의 문제에서는 말이다. 하나님은 그렇게 변덕스러운 분이 아니다. 부모들이 때로는 실망의 눈길로 자녀를 바라보지만 그 때문에 사랑이 변하지는 않는 것처럼, 하나님의 사랑도 우리의 행위에 의존하지 않는다. 인간이 자녀를 그렇게 사랑한다면, 하나님의 사랑의 능력은 과연 어떠하겠는가?

하나님의 사랑은 절대로 분노와 타협하지 않는다. 분노가 존재한다고 해서 사랑이 없는 것은 아니다. 특별히 하나님은 더욱 그렇다. 사랑은 단순한 감정이 아니라 하나님의 성품이다. 하나님의 성품이 우리의 행위에 따라 변한다면 그분은 얼마나 작은 하나님인가. 기독교의 하나님은 그런 분이 아니다. 기독교의 하나님은 화내기를 더디 하시고 자비로 충만하시다(출 34:6을 보라. 이는 욜 2:13과 그 외 여러 성경 말씀에 나타나 있다). 하나님은 우리의 형상대로 만들어 낼 수 있는 그런 신이 아니다.

나는 앞서 하나님이 우리를 어떻게 보시는가 하는 질문에 대한 답이 우리의 영적 여정에 중대한 영향을 미친다고 언급하였다. 만일 하나님이 우리를 증오와 실망과 절망 또는 분노로 바라보신다면 그리스도를 따르는 삶은 어떻게 변할까.

그런 하나님에 대한 영적 반응은, 대체로 그분의 인정을 받기 위한 노력으로 나타날 것이다. 하나님의 임재 가운데 안식을 취하지 못하고 능력 이상으로 성취해 내기 위해 항상 긴장하게 될 것이다. 순종의 동기는 사랑이 아닌 두려움이 될 것이며 진정한 의탁은 거의 없을 것이다. 의탁하려면 편안해져야 하며 편안해지려면 안전감을 느껴야 한다. 하나님이 우리의 부족함과 실패에만 집착하고 계신다면 어떻게 그런 하나님 앞에서 편안함과 안전함을 느낄 수 있겠는가?

나는 이런 그리스도인들을 많이 알고 있다. 이 장 첫 부분에 묘사한 부모는, 그리스도인의 삶이란 죄를 짓지 않음으로 하나님의 기대에 부응하는 것이라고 인식하였다. 이런 생각은 은혜의 여지를 두지 않는다. 하나님을 알고 누릴 여지도 없으며 그분의 사랑 안에 거할 수도 없다. 그 소년의 아버지는 내게 하나님과 죄는 양립할 수 없다고 확언했다. 나는 신학에 대해 논하려는 것은 아니다. 그러나 내가 알기로, 그는 하나님의 거룩을 부각시키려고 했지만 그리스도의 성육신에 대해서는 전혀 이해하지 못했다. 기독교의 하나님은 죄인들을 증오하고 외면하시는 분이 아니라 그들에게 다가가 함께하시며 구원하시는 분이다.

하나님이 죄에 집착하신다고 믿는 사람들이 스스로도 그런 면에 집중하는 것은 놀라운 일이 아니다. 그들은 죄를 심각하게 다루는 것이 결국 하나님께 영광 돌리는 것이라고 생각하는 듯하다. 그들은 때로 다른 그리스도인들이 얼마나 죄를 신중하게 다루느냐 하는 것으로 그 사람을 판단한다. 그들은 대체로 하나님의 사랑에 대해 말하는 것을 불편해한다. 그래서 하나님이 죄를 얼마나 미워하시는지를 부각시킴으로 그 불편함을 해소하려고 한다. 불행히도 그들은 하나님의 사랑에 지식적으로는 동의하지만 그것을 거의 체험하지 못한다.

하나님이 우리를 전적으로 사랑하신다는 것을 깨달을 때 하나님과의 관계는 놀랍게 발전한다. 단순히 말해 하나님은 당신을 현기증이 날 정도로 사랑하신다. 그분은 당신을 향한 사랑을 멈출 수가 없다. 그분은 당신을 있는 모습 그대로 깊이, 무모하게 사랑하신다. 하나님은 당신이 죄인임을 아시지만, 당신의 죄 때문에 당황하지는 않으신다. 우리의 죄는 그분의 사랑을 조금도 축소시키지 못한다.

어쩌면 이것을 믿고는 싶지만 선뜻 내키지 않는 사람들이 있을지 모른다. 그러나 다행히도 우리는 우리를 향한 하나님의 마음에 대해 의심할 필요가 없다. 예수님의 삶과 가르침에 그것이 분명히 나타나 있기 때문이다.

아낌없이 주는 아버지

돌아온 탕자 비유는 하나님의 사랑을 매우 잘 묘사해 준다. 그러나 이 비유의 제목은 잘못된 것이다. 이 이야기는 아버지의 성품에 관한 것이지 아들의 잘못된 품행에 관한 것이 아니다. 이야기의 핵심은 아들을 주체할 수 없이 사랑하는 한 아버지에게 있는 것이다. 이 고전적인 이야기(눅 15:11-32)는 성경에서 내가 가장 좋아하는 이야기다.

어느 부자에게 두 아들이 있었다. 아버지가 돌아가실 때까지 기다릴 수 없었던 둘째 아들이 하루는 아버지에게 유산을 미리 물려줄 것을 요구한다. 아버지가 슬픈 마음으로 재산의 절반을 나누어 주자 그 아들은 유산을 챙겨 머나먼 타국으로 떠난다. 그는 그 곳에서 가진 것을 모두 탕진하고 황폐한 삶을 살며 돼지 먹이는 일을 한다.

어느 날 그는 돼지들 틈에 앉아 떠나온 집을 회상하게 된다. 그리고 불현듯 아버지 집에서는 하인들조차 지금의 자신보다 나은 삶을 살고 있다는 생각을 하게 된다. 그래서 그는 아버지께 돌아가 용서를 구하고 아들이 아닌 하인으로 일하겠다고 마음먹는다. 그가 돌아오자 아버지는 몹시 기뻐한다. 그는 아들에게 달려가 자신의 반지를 끼워 주고 옷을 입히고 가장 살진 송아지를 잡아 아들을 환영하는 잔치를 베푼다.

이 이야기를 듣고 큰아들은 노하게 된다. 무책임한 동생이 집을 나간 동안 그는 맡겨진 책임을 성실하게 이행하였다. 그리고 그에게 주어지지 않은 것은 어떤 것도 요구한 적이 없었다. 그러나 그를 위해선 단 한 번도 그 같은 잔치가 베풀어진 적이 없었다. 큰아들은 잔뜩 심술이 나서 잔치에 참여하기를 거부한다.

그 때 아버지가 큰아들에게 다가와 말한다. "나의 신실한 아들아, 너는 나와 항상 함께 있으며 내 것이 모두 네 것이지 않니? 네 동생은 죽었다가 살아났으며 잃었다가 다시 얻었으니 잔치를 베푸는 것이 마땅하지 않니?"

이 이야기를 읽을 때마다 나는 마음이 따뜻해지고 하나님의 사랑을 깊이 체험하게 된다. 그리고 하나님이 내 죄를 들추어 내는 대신 사랑의 눈으로 나를 바라보신다는 것을 상기하게 된다. 아버지가 나를 만나기 위해 달려오는 모습을 생각할 때, 하나님이 내 죄에 어떻게 반응하실까 하는 두려움은 모두 사라진다. 왜 나는 그토록 오랫동안 아버지로부터 멀리 떠나 있었는가? 왜 나는 아버지가 나를 하인으로 받아 줄 것이라고 생각했을까? 내가 무슨 일을 했든 하나님의 사랑은 나의 행위에 근거하지 않기 때문에 그분께 돌아오는 것을 두려워하지 않아도 된다.

그러나 한편으로 나는 둘째 아들과 나 자신을 동일시하면서도 다른 한편으로는 큰아들에게 더욱 강한 연대감을 느끼기도 한다. 의무감과 무료함에 사로잡힌 순종에서 더욱 나 자신의 모습을 보게 되는 것이다. 나는 아버지의 자비를 보고 자기 의에 근거한 의분을 토해 내는 그의 모습과 많이 닮았다. 그는 참으로 아버지의 사랑 안에서의 평안을 갈망하고 있는 것이다.

탕자의 비유는 생각의 여운을 남긴다. 큰아들은 사랑을 얻으려는 노력을 내려놓고 아버지의 초청을 받아들여 잔치에 참여할 수 있었을까?

나는, 그리고 우리 대부분은 아버지의 사랑을 얻고자 갈구한다. 탕자 비유에서 **두 아들 모두** 결국은 그러한 열망을 갖고 있는 것이다. 그리고 두 아들 모두 같은 깨달음을 얻게 된다. 아버지의 사랑은 아들들의 행위가 아닌 아버지의 성품을 반영하는 것이다. 내 행동이 책임감 있는 것인가 무책임한 것인가는 문제의 요지가 아니다. 중요한 것은 우리의 책임 있는 행동이 아버지의 사랑을 증가시키는 것도 아니며, 무책임이 아버지의 사랑을 축소시키는 것도 아니라는 점이다.

이러한 사실을 믿는 것은 얼마나 중요한지 모른다. 진정 이것을 믿는다면 그리스도를 따르는 모습도 많이 달라질 것이다.

창조 이야기는 사랑 이야기다

사랑이 기독교의 중심이 된 것은 예수님과 그분의 가르침에서 시작된 것이 아니다. 그것은 거룩한 공동체에서 완전한 사랑을 나누시는 삼위일체 하나님의 속성에서 비롯된다. 그리고 그들의 사랑은 본질상 늘 밖을 향해 있다. 하나님은 사랑을 그들 안에 제한시키지 않고 손을 내밀어 우리를 창조하셨다. 그리고 우리가 이 친밀한 관계 안에서 하나님의 사랑으로 따뜻해지기를 원하신다.

창조 이야기를 과학으로 이해하면 치명적인 오해가 발생한다. 창조 이야기는 사랑의 시로 이해해야 한다. 그 이야기의 이미지에 주목해 보라. 온통 사랑의 음성으로 가득 차 있음을 알게 될 것이다. 창조 이야기는 창조되기 전 무정형의 땅 위에 성령이 운행하시는 것으로 시작된다(창 1:2). 그것은 자신의 품 안에서 자라나는 새 생명을 보호하고 양육하는 새의 이미지다.

지난 봄, 아침 기도 시간에 집 근처 호숫가를 거닐며 한 쌍의 백조를 관찰하게 되었다. 그들은 둥지를 만들기 위해 터를 잡고 두 주 동안 조심스레 둥지를 지었다. 수컷은 날마다 부리로 갈대를 물어다가 암컷에게 전해 주었다. 암컷은 그것을 받아서 충분히 부드러워질 때까지 씹고 조심스레 그것을 함께 엮어, 곧 태어날 생명을 품을 둥지를 만들어 갔다. 둥지를 완성하자 암컷은 그 위에 자리를 잡고 앉아 몇 주 동안 움직이지 않았다. 폭풍우와 추운 날씨에도 아랑곳하지 않고 수컷이 날라다

주는 음식을 받아먹는 것 외에는 둥지 위에서 조금의 요동도 없이 앉아 있는 것이었다.

어느 날 그 암컷의 품 안에서 그 동안 기다렸던 작은 새끼 백조가 태어났다. 여전히 어미 백조는 움직이지 않고 있었다. 어미는 계속 새끼를 품고 있었고, 시간이 지나면서 서서히 새끼들이 어미 밑에서 기어 나오기 시작했다. 어미 품을 떠나려는 새끼들의 움직임을 따라 어미는 서서히 새끼들을 놓아 주었지만 그런 가운데서도 어린 백조들이 시야에서 벗어나지 않도록 살피고 새끼들 위를 날아다녔다.

이것이 바로 창세기 이야기에 나타난 성령 하나님의 이미지다. 하나님은 형태가 없는 우주도 모성애적인 온유함과 헌신으로 사랑하신다. 형성되지 않은 지구 위에 성령이 운행하시는 것은 하나님의 부드러운 사랑이 임재하는 모습인 것이다. 그것은 창조 이야기에 나타난 사랑 이야기의 중요한 부분이다.

그리고 세상이 점차 형성되면서 창조주 하나님은 각 창조 단계마다 "좋았더라"고 선언하신다. 하나님이 피조물들로 인해 흡족해하신 것이 분명하다. 화가가 자신의 만족스럽지 못한 그림에 무관심이나 경멸을 보이는 것과는 달리 하나님은 자신이 창조하신 것을 기뻐하신다. 하나님이 "좋았더라"고 하신 선언은 단순히 피조물을 평가하는 것이 아니다. 그것은 기쁨과 즐거움에서 우러나오는 사랑의 표현인 것이다.

하나님의 사랑이야말로 모든 창조 세계의 원천이자 성취다. 태초부터 하나님의 사랑은 충만하게 생명을 창조하고 계시다. "그 사랑의 열정이 연소하는 산소가 되고, 타오르는 불꽃이 되며, 연결하는 접착제가 되어 우주를 놀라운 모습으로 자리잡게 한다."[1] 끊임없이 창조하시는 하나님의 사랑을 떠나서는 흑암과 공허, 혼돈만이 있을 뿐이다.

하나님의 사랑은 존재하는 모든 것의 근원이다. 그러나 무엇보다 그분은 인간의 창조에 가장 직접적으로 개입하셨다. 놀라운 것은 하나님이 인간을 직접 손으로 빚으시고 생기를 불어넣어 살아 있는 존재로 만드셨다는 것이다. 그러한 결과를 바라보는 하나님의 기쁨은 마치 갓 태어난 아기를 처음으로 바라보는 부모의 기쁨과도 같다. 하나님은 인간을 창조하시고 그 즐거움을 단순히 "좋았더라"가 아닌 "심히 좋았더라"라고 표현하신다(창 1:31). 넘치도록 충만한 하나님의 사랑이 그분의 창조 가운데 스며들고 그로 인해 남자와 여자가 창조된 것이다.

창조는 넘치는 사랑이다. 하늘로부터 땅으로 넘치도록 부어진 사랑이다. 창조는 하나님의 창의력과 무한한 자원을 선포하는 것 외에 하나님의 사랑의 풍성함을 나타내기도 한다. 창조는 인간이 사랑을 위해 사랑으로 태어났으며 사랑이신 하나님의 형상으로 창조되었다고 선포한다. 사랑이 우리의 근원이며 모든 성취의 목적이 되어야 한다.

하나님의 형상으로 창조된 인간에게는 타협할 수 없는 고귀함이 있다. 인간은 단순히 하나님의 피조물이 아닌 하나님의 동료로서 창조된 것이다. 더욱 놀라운 것은 하나님이 우리를 친구로 택하셨다는 것이다. 우리의 독립 선언과 죄악된 반역에도 불구하고 우리에게 부여된 친구의 신분은 아직도 폐지되지 않고 유효하다.

창조는 우정을 위한 하나님의 계획이었다. 우리는 단순히 하나님을 예배하기 위해 지음받은 것이 아니다. 또한 단순히 섬기기 위해 창조된 것도 아니다. 인간이 존재하는 것은 함께하기 원하시는 하나님의 갈망 때문이다. 우리는 그러한 관계를 맺기에 충분하도록 그분을 닮은 피조물들을 향해 뻗어 가시는 하나님의 사랑의 열매다.

인간은 사랑에 심취한 창조주 하나님과의 친밀한 연합을 위해 창조된 것이다. 하나님은 우리를 향해 깊고 변함없는 갈망을 느끼신다. 그 갈망은 단순히 우리의 완전함에 대한 것이 아니라, 근본적으로 우리와의 우정에 대한 것이다. 이 우정은 우리의 깊은 갈망의 핵심이자 우리의 본질적인 성취의 핵심이다.

비극의 시작

여기까지는 이야기가 완벽해 보인다. 그런데 하나님의 본질에 관한 기독교적 이해가 정확하다면 왜 만물이 잘못되어 있는가? 왜 우리는 지금 같은 모습이 되었는가?

기독교의 설명에 의하면, 사랑을 위해 사랑으로 창조된 인간은 자유라고 생각되는 것을 택하기 위해 하나님의 사랑을 저버렸다. 결과는 물론 참혹했다. 자유는 즉시 속박으로 변했으며 친밀함은 소외로 변했다. 진정한 사랑은 자기애로 축소되었고 그 결과 인간들은 자기 중심적으로 살며 자아와 하나님과 이웃으로부터 고립되고 말았다.

우리는 모두 깨어진 사랑으로 살아간다. 그 사랑은 우리가 체험하고 나눌 수 있는 최선의 것처럼 보인다. 그러나 우리가 이웃에게 받는 사랑은 항상 그 상처와 유한성 때문에 한계를 지닌다. 그리고 우리가 타인에게 주는 사랑도 자아 집착 때문에 오염되기 쉽다. 우리는 완전한 사랑을 갈망하지만 사랑을 깊이 체험하게 될 가능성에 대해서는 낙심하게 된다. 그래서 처음에 의도했던 사랑이 아닌 제한된 사랑에 스스로 만족하게 된다.

이것은 물론 내 이야기다. 내가 내 가족과 아내, 친구로부터 받았던 사랑은 가슴 벅차도록 아름다웠다. 그러나 내가 이웃에게 전해 준 사랑은 대부분 인색하고 변덕스러운 것이었다. 지금 나는 하나님의 사랑에 대해 몇 해 전보다 더욱 깊이 알고 있다. 그러나 하나님이 내면 깊은 정원에서 나를 부르시는 소리를 들을 때 여전히 숨어 버리는 나 자신을 종종 발견한다. 사랑으로 인한 커다란 상처가 있는 것도 아닌데 왜 나는 사랑을 두려워하는 것일까? 완전한 사랑에 자신을 의탁하기란 왜 그토록 어려울까? 이를 통해 나는 내 죄와 장애를 발견한다. 모든 것이 원래의 모습에서 어긋나 있는 것이다.

우리의 깊은 내면은 우리가 한때 경험했던 그 동산을 기억하고 있는 듯하다. 그리고 그 곳으로 돌아가고 싶어한다. 우리는 그 곳이 우리가 속한 본향이라는 것을 안다. 그러나 마음의 또 다른 한 편에서는 자유의 환상과 자율성에 따라 살고 싶어하는 경향이 있다. 우리는 스스로에게 영혼이 쉼을 얻고 사랑을 만날 수 있는 다른 동산을 만들어 낼 수 있다고 속삭인다. 그러나 우리가 창조하는 것은 잡초가 무성한 충동과 우상 숭배의 동산일 뿐이다. 우리는 쉼 대신 중독과 자아 집착에 빠지게 된다. 그러면 불안함이 자라고, 우리 마음은 익숙하면서도 얻을 수 없는 그 무엇을 갈망한다.

완전한 사랑에 대한 희미한 기억의 흔적은 인간의 의식 속에 스쳐 지나간다. 그런 기억은 매우 희미한 것이어서 대부분 무시되는 경우가 많다. 그러나 가장 깊은 욕구의 핵심, 즉 근원을 지향하는 모든 인간의 갈망은 여전히 남아 있다.

기쁜 소식

다행히도 이야기는 여기서 끝나지 않는다. 하나님이 성육신을 통해 피조물과 동등하게 되신 사건이, 위대한 사랑 이야기의 두 번째 막을 올린다. 하나님은 사랑 이야기를 잊어버린 우리를 보시고 예수님을 보내어 사랑을 인격화하신다. 그 아들은 아버지의 성품을 나타내기 위해, 우리를 사랑이신 아버지께로 데려가기 위해 오신 것이다.

예수님은 진정한 사랑이 과연 어떤 것인지 알려 주시기 위해 오셨다. 그리스도인과 비그리스도인 모두 예수님의 고귀한 성품을 인정한다. 그분은 매우 선한 분이셨다. 그분의 사랑은 매우 확실했으며 그분의 가르침은 너무나 고귀했다.

그러나 그분의 삶과 죽음과 부활은 그 이상의 것을 보여 준다. 바로 하나님의 성품이다. 예수님은 줄곧 이것에 대해 가르치셨으며 매우 대담하게 자신의 삶이 하나님을 계시한다고 주장하셨다. 그가 몸소 보여 주신 사랑은 바로 그분의 근원이 되는 사랑이었다. 아낌없이 주시는 아버지의 아들로서 영원 전부터 알고 계셨던 사랑이었다.

그 누가 우리에게 사랑 이야기에 대한 기억을 회복시켜 줄 수 있는가? 그 누가 사랑의 동산에 대한 희미한 기억의 흔적을 의식 저변에서 우리 존재의 중심으로 옮겨 올 수 있는가? 예수님의 이야기는 인격화된 사랑 이야기다. 단순히 그분이 명령하신 것을 행하려고만 한다면, 단순히 그분의 삶의 모범을 따라가려고만 한다면 우리는 핵심을 놓치고 말 것이다. 그분의 삶은 그분 자신의 근원을 보여 준다. 하나님의 사랑이 인격화된 것으로 이해할 때에 그분의 삶을 비로소 이해할 수 있다.

그러나 진정으로 사랑을 대면한다는 것을, 예수님을 우리 마음에 모시고, 교회에 출석하며, 예수님의 명령에 순복하는 것 등과 동일시해서는 안 된다. 우리를 변화시키는 것은 사랑의 **체험**이다. 하나님의 사랑 안에 있으면서 아무런 영향을 받지 않을 수는 없다.

머리말에서 말한, 의탁이라는 단어에 거부감을 표현한 여성의 이름은 앤지[2]인데 그녀의 삶은 하나님의 사랑을 실제로 체험할 때 어떤 일이 일어나는지 보여 준다. 앤지는 의탁을 두려워할 충분한 이유가 있었다. 그녀는 부모에게 감정적으로 학대를 받았고 대학에서 남자 친구에게 강간을 당했으며 도움을 청하기 위해 찾아간 교목에게 또 다시 강간을 당했다. 그녀는 하나님이 사랑이라고 배웠지만 그 사랑을 인격적으로 체험하지 못했다. 하나님 혹은 다른 사람을 신뢰한다는 것은 쉽지 않았다. 그러나 그녀에게는 하나님이 주신 갈망이 있었고 그 갈망은 그녀가 하나님을 거부하도록 놔 두지 않았다.

앤지가 하나님의 사랑과 대면한 것은 복음의 묵상과 영적 인도자와의 관계를 통해서였다. 그녀는 지금껏 그녀가 안다고 생각했던 하나님의 모습이 예수님 안에 계시된 하나님과 실질적으로 큰 차이가 있다는 것을 발견했다. 그녀는 여자들을 따뜻하게 보살피시는 예수님의 모습에 충격을 받았고, 당시로서 굉장히 반문화적인 모습의 하나님이 매우 생소했다. 또한 예수님이 항상 소외당하는 자들의 편에 서시는 모습에 놀라고 깊은 감명을 받았다. 항상 자신을 이방인처럼 느끼고 하나님과 종교적인 사람들을 주류 계층으로 보았던 그녀가 예수님을 다른 각도에서 보게 된 것이다. 예수님이 중심부가 아닌 바깥에 그녀와 함께 서 계셨다. 그녀는 또한 성부와 예수님의 관계에서 부드러움과 신뢰를 보며 깊은 감명을 받았다. 그녀는 이런 점들을 통해 하나님을 훨씬 안전한 존재로 느끼게 되었고, 만일 예수님이 하나님을 신뢰할 수 있다면 자신도 할 수 있을 것이라는 확신이 생기기 시작했다.

앤지의 아픔과 분노와 불신에 찬 마음은 서서히 부드러워지기 시작했다. 그녀는 점차 방어 기제를 무너뜨리고 하나님의 사랑을 구하게 되었다. 그리고 시간이 지나면서 서서히 사랑에 의해 변화되어 갔다.

예수님은 우리를 사랑으로 이끌어 주기 위해 오셨다. 그분은 이 세상의 가장 위대한 사랑 이야기에서 가장 중요한 역할을 감당하기 위해 이 땅에 오셨다. 그러나 그것은 단순한 율법의 제정을 위해서가 아니다. 그분은 우리의 목적이며 우리의 치유이자 성취인 사랑을 보여 주기 위해 오신 사랑의 아들이시다. 그분은 우리가 갈망하고 속해 있는 완전한 사랑을 계시하기 위해, 그리고 그러한 사랑에 의탁한다는 것이 어떤 것인지 보여 주기 위해 오셨다.

하나님을 알고 사랑을 알다

하나님에 대해 무엇을 믿느냐고 그리스도인들에게 물어 보라. 대부분은 여러 답변을 늘어놓을 것이다. 그러나 같은 사람들에게 직접적이고 개인적인 체험에 근거해 하나님에 대해 알고 있는 것을 물어 본다면 대부분은 말문이 막히고 말 것이다.

많은 사람들이 그들의 죄가 용서받았다고 말한다. 어떤 이들은 기도의 응답과 하나님의 임재에 대해 말한다. 그러나 대부분의 사람들은 침묵할 뿐이다. 심지어 하나님과의 개인적인 관계를 가장 강조하는 복음주의자들까지도 어떻게 하나님과의 관계를 체험하는지에 대해서는 별로 말이 없다.

토저(A. W. Tozer)는 사람들 대부분이 체험보다는 믿음의 논리에 의해 스스로를 그리스도인이라고 생각한다고 말한다. "우리는 하나님과의 대면을 신학적 개념으로 대체했다. 종교적인 지식으로 가득 차 있지만 마음속에는 주인이 없다는 것이 우리의 최대 약점이다."[3]

모든 진실한 영적 여정은 직접적이고도 개인적인 하나님과의 관계에서 성장해야 한다. 완전한 사랑과의 대면을 대신할 만한 것은 아무것도 없다. 토저는 이렇게 말한다. "경험으로 아는 지식이 단순히 들어서 아는 지식보다 낫다."[4] 하나님을 안다는 것은 단순히 하나님에 관한 그 무엇을 믿는 것이 아니다. 인격적인 앎은 객관적인 앎 그 이상이다.

배우자나 친구를 아는 것에 대해 잠시 생각해 보자. 그것이 진정으로 친밀한 관계라면 절대로 그 사람을 아는 것과 그 사람에 대해 올바른 견해를 가지는 것을 혼동하지 않을 것이다. 다시 말해 진정한 앎이란 인격적인 앎이며, 그것은 머리로 아는 지식 이상의 것을 의미한다. 그것은 관계에 관한 것이고 마음에 관한 것이다.

하나님이 사랑이시라면 사랑을 떠나서는 그분을 알 수 없다. 따라서 우리가 객관적으로 그분을 알 수는 없다. 어느 누구도 멀리 서서 하나님을 관찰하며 그분을 알 수는 없다. 그것은 하나님의 사랑을 진정으로 대면하지 못하는 것이다. 하나님의 사랑은 가까운 곳에서 인격적으로만 대면할 수 있을 뿐이다.

돌아보면 나는 하나님과의 직접적인 체험을 추구하기보다 더 쉬운 방법으로 하나님에 관한 개념들을 받아들이는 데 급급했던 것 같다. 그래서 하나님을 머리가 아닌 마음으로 알게 되기까지는 꽤 오랜 시간이 걸렸다. 내면 깊은 곳에서는 내 마음을 끌어당기고 계시는 하나님을 진정으로 알고 싶은 갈망이 있었지만, 내가 할 수 있는 것은 믿는 것뿐이었다. 나는 하나님이 사랑이라는 것을 믿었고, 내가 그렇게 생각한다면 그것이 하나님이 나를 사랑하신다는 뜻임을 알 수 있었다. 그러나 나는 그 사랑을 깊고 지속적이고 인격적인 바탕 위에서 알지는 못했다. 하나님의 사랑은 단순히 개념이었지 개인적인 체험이 아니었다.

뒷장에 가서 나의 이러한 모습이 어떻게 변하게 되었는지 좀더 이야기할 것이다. 여기서는 다만 하나님의 사랑에 **대해** 아는 것이 아니라 하나님의 사랑을 **인격적으로** 아는 것이 가능하다는 것을 말하고자 한다. 내가 하나님께 깊이 사랑받는 존재라는 사실이 내 정체성의 핵심이며 내가 나 자신에 대해 가장 자신 있게 알고 있는 점이다. 그러한 확신이야말로 그리스도인의 영적 성장에 기초가 된다.

하나님을 믿느냐는 질문에 융은 대답했다. "나는 하나님을 믿지 않습니다. 나는 하나님을 압니다." 이것이 다소 주제넘게 들린다면 예수님은 그러한 문제에 어떻게 답하셨는지 살펴보자. 예수님은 성부 하나님께 이렇게 기도하셨다. "영생은 곧 유일하신 참 하나님과 그가 보내신 자 예수 그리스도를 아는 것이니이다"(요 17:3). 인격적이고도 실천적인 앎은 참된 지식이지만 비인격적이며 객관적인 지식은 참된 지식이 아니다.

이것은 요한일서의 주된 주제이기도 하다. 요한은 말한다. "사랑하는 자들아, 우리가 서로 사랑하자. 사랑은 하나님께 속한 것이니 사랑하는 자마다 하나님으로부터 나서 하나님을 알고, 사랑하지 아니하는 자는 하나님을 알지 못하나니, 이는 하나님은 사랑이심이라." 이것은 담대한 선언이며 매우 명쾌한 메시지를 전달한다.

내 아내를 만나 보지 못한 사람들에게 나는 종종 그녀를 이렇게 설명한다. "그녀를 아는 것은 그녀를 사랑하는 것입니다." 그녀는 그런 사람이다. 그리고 하나님은 더욱 그런 분이시다. 기독교의 하나님을 안다는 것은 사랑을 체험하는 것이다. 사랑을 체험하지 못하고 기독교의 하나님을 진정으로 대면했다고 할 수는 없다. 그리고 이 사랑은 받는 것에서 점차 돌려주는 단계로까지 변화해 간다.

교회사의 위대한 신비주의자인 십자가의 성 요한(St. John of the Cross)은, 하나님은 사랑이 아닌 그 어떤 것으로도 알려지길 원치 않으신다고 말한다. 기독교 신비주의자라고 해서 우리와 다른 사람인 것은 아니다. 그들은 단순히 말해 하나님과의 직접적이고도 인격적인 체험을 강조하는 사람들이며 그 외에 다른 어떤 것도 받아들이길 주저하는 이들이다. 생각하는 피조물인 우리는 체험에 대한 생각을 형성하게 마련이다. 그러나 하나님과의 체험이 생각에만 멈춘다면 그것은 하나님을 진정으로 대면한 것이 아니다. 하나님에 대한 생각을 하나님에 대한 개인적인 앎과 혼동하는 것은 신학을 영적인 체험과 혼동하는 것이라고 할 수 있다.

토저는 복음주의적 신비주의자들 가운데 아마도 가장 널리 알려지고 존경받는 인물일 것이다. 그는 하나님과 사랑을 나누는 지속적이고 편안한 상호 관계를 체험하는 가능성에 대해 역설하며, "하나님과 영혼의 교류는 다른 모든 체험이 그러하듯 의식적이고 인격적인 차원에서 알 수 있다"고 말한다.[5] 그것은 신학이나 성경에서 도출해 낼 수 있는 성질의 것이 아니다. 토저에 의하면 우리가 오감을 통해 물질 세계를 아는 것처럼 하나님의 사랑도 확실하게 알 수 있다.[6] 사랑이 인생을 건

설할 수 있는 실제적인 토대가 될 수 있다는 것이다.

이제 더욱 잘 알려진 또 다른 기독교 신비주의자의 말에 귀기울여 보자. 그는 자신이 영적인 책임을 지고 있었던 젊은 그리스도인들에게 편지하면서, 그들이 지식을 초월하는 예수님의 사랑에 뿌리를 내리며 "하나님의 모든 충만하신 것으로" 채워지게 될 것을 기도하였다. 하나님의 사랑을 체험적으로 아는 것과 하나님의 충만하심으로 채워지는 것을 동일시한 이 용감한 사람은 과연 누구인가? 그는 바로 예수님의 사도였던 바울이다. 그의 기도는 에베소서 3:14-19에 기록되어 있으며 그의 삶은 사랑을 대면한 회심자의 모습을 몸소 보여 준다.

당신을 위한 이야기

하나님과 사랑의 관계를 나누는 것을 강조하는 것에 대해 당신은 다소 불편함을 느끼고 있을지 모르겠다. 당신은 자신이 감정적이기보다 합리적인 사람이며 지금 묘사하고 있는 하나님과의 관계는 다른 사람을 위한 것이라고 생각할 수도 있다.

모든 인간의 가장 중요한 필요는 완전한 사랑에 의탁하는 것이다. 그러나 그러한 사랑에 대한 필요는 사람마다 다른 방법으로 나타난다.

성격 유형에 따라 생각하는 것의 문제점은, 사람들이 너무 쉽게 자신이나 타인을 틀에 가두고 자신의 여러 면들 중 그 틀에 맞지 않는 부분은 대면하지 못한다는 것이다. 성격 분류 체제가 얼마나 잘 되었는지와 상관없이 성격 유형표는 한 인간의 독특성의 일부분만을 포착할 뿐이다. 더 큰 부분은 항상 그 틀 밖에 존재한다. 그리고 진정으로 온전해지기 원한다면 융이 그림자라고 부르는 틀 바깥의 부분을 계발해야 한다.

사랑으로 하나님을 대면하는 것은, 마음으로 사는 사람들 못지않게 머리로 사는 사람들에게도 중요한 것이다. 이들은 모두 자신의 정체성을 하나님께 깊이 사랑받는 존재로서의 자신을 실존적으로 아는 지식에 뿌리내려야 한다. 그러나 여기에는 다양한 도전이 따른다.

자신의 감정을 잘 알지 못하거나 신뢰하지 못하며 사고의 영역에만 머물러 합리적인 분석에 몰두하는 사람들은 감정을 수용하는 법을 배울 필요가 있다. 그렇게 해야 더욱 활력 있고 인간적인 모습이 되어 갈 수 있다. 나를 비롯한 그런 유의 사람들은 느낌으로 세상을 체험하는 것을 잊고 산다. 감정은 생각에만 의지할 때 잃을 수밖에 없었던 새로운 지식을 준다. 그러므로 생각이 아닌 사랑 안에서 하나님을 만나면 늘 성장이 일어난다.

감정에 민감한 사람들은 체험의 중심을 이루는 피상적인 감정을 넘어서서 세상과의 더욱 진실되고 깊이 있는 감정적 대면을 추구해야 할 필요가 있다. 그런 사람들은 더 많은 감정이 필요한 것이 아니라 더욱 깊고 진실한 감정이 필요한 것이다. 그러한 감정은 감상주의와 피상적인 감정의 동요를 배제한다. 그들은 또한 비판적인 사고를 포용하는 것을 배울 필요가 있다. 그러한 사고는 감정을 분별하며 현실을 제대로 파악할 수 있게 해준다. 사랑 안에서 하나님을 진실하게 만나면 감상주의와 감정주의를 넘어설 수 있다. 하나님과의 진실한 만남은 진정으로 사랑을 대면하는 기회를 제공하며, 그 사랑의 의미를 비판적으로 성찰하고 그 사랑에 뿌리내리게 한다.

우리는 모두 완전한 사랑과의 깊고도 인격적인 대면을 갈망한다. 우리는 하나님이 우리를 깊이 사랑하신다는 데 정체성의 뿌리를 내려야 할 것이다. 감상주의와 감정주의, 합리성과 분석적 태도는 모두 그러한 관계의 발전을 파괴한다. 그런 사랑에 대해 이야기하기는 쉽다. 그러나 눈에 보이지 않는 하나님과 실제로 사랑의 관계를 발전시킨다는 것은 결코 단순한 문제가 아니다. 그것은 누구에게나 자동적으로 일어나는 일이 아니다.

이제부터 우리는 그러한 변화가 어떻게 일어나는지 구체적으로 살펴볼 것이다. 그러나 먼저 우리가 왜 그토록 깊이 갈망하는 것을 두려워하는지 생각해 보아야 한다. 그래서 다음 장에서는 사랑과 그리 먼 개념이 아닌 두려움에 대해 살펴보고자 한다. 인생에서 마주치는 이 두 가지 대조적인 힘의 복잡한 상호 관계를 이해하기 전에는, 우리가 그토록 갈망하는 사랑을 온전히 대면하고 의탁할 준비를 할 수 없기 때문이다.

더 깊은 묵상으로

하나님이 당신을 생각할 때 사랑이 그분의 마음에 샘솟으며 그분의 얼굴에 미소가 번진다는 것을 믿기가 어려운가? 당신의 정체성이, 하나님이 당신을 머리끝부터 발끝까지 사랑하신다는 확신에 근거하고 있지 않다면 기도하는 마음으로 다음 성경 구절들을 묵상해 보라. 그러나 먼저 묵상의 의미가 무엇인지 살펴보도록 하자.

기독교의 묵상이란 영적인 몽상과도 같다. 말씀을 분석하고 생각하는 것이 아니라 단순히 말씀에 잠기는 것이다. 말씀을 가지고 무언가를 해야 할 필요는 없다. 대신 말씀이 당신에게 무언가를 하도록 하는 것이다. 무슨 일이 벌어지고 있는지 살펴보는 것에 너무 집착하면 안 된다. 그저 말씀이 생각 속에 들어와 마음을 씻어 내도록 하는 것이다.

기도하는 마음으로 시간을 충분히 갖고 다음 성경 구절들을 하나씩 묵상해 보라. 변화에는 일시적인 사랑 체험 이상의 것이 요구된다. 당신이 그 사랑에 충분히 잠겨 있을 때, 비로소 하나님의 깊은 사랑이 당신의 정체성의 토대가 될 것이다.

- 시편 23편
- 시편 91편
- 시편 131편
- 이사야 43:1-4
- 이사야 49:14-16
- 호세아 11:1-4
- 마태복음 10:29-31
- 로마서 8:31-39

2. 사랑과 두려움

아인슈타인은 우주가 과연 친밀한 곳인가 하는 것이 모든 사람이 직면하는 가장 중요한 질문 중 하나라고 말했다. 인류 역사 가운데 우주가 친밀한 곳이라고 생각한 사람들은 그리 많지 않은 것으로 보인다. 신들은 인간에게 무관심하거나 혹독한 존재로 느껴졌다. 그래서 인간들은 신들의 시선을 끌며 호의를 얻기 위해 그들의 마음을 달래줄 만한 안정제가 필요했다.

신을 달래야 하는 종교가 저개발 국가나 비서구 문화에만 국한된 것은 아니다. 사람들의 종교 생활을 들여다보면 다수의 사람들이 친밀하지 않다고 생각하는 우주에 살고 있다. 심지어 하나님의 속성이 사랑이라고 믿는 그리스도인들 가운데서도 그러한 믿음이 삶 속에 반영되지 않는 것을 종종 보게 된다. 그들의 하나님은 호의를 얻고 저주를 피하기 위해 안정제와 같은 행동과 믿음을 보여 주어야 하는 하나님인 것이다.

나의 영적 순례는 하나님의 처벌을 피하기 위한 필사적인 발버둥에서 비롯된 것이다. 몇 년 동안 지옥불에 대한 설교를 들은 나는, 대부분의 열 살 난 아이들이 그러는 것처럼 그리스도를 내 마음에 영접하고 하나님을 기쁘게 해 드리는 삶을 살기 위해 노력했다. 그렇게 하는 동기는 처벌을 피하기 위함이었다. 사람들은 내게 구원이 사랑의 선물이라고 말해 주었다. 그러나 그것은 마치 총을 겨누고 선물을 받아들이겠냐고 묻는 것처럼 의심스러웠다. 나는 하나님이 사랑의 하나님이심을 믿으려고 노력했다. 그러나 내 마음 한가운데 자리잡고 있는 생각은 하나님의 공의와 거룩에 관한 것이었다. 하나님께 의탁한다는 것은 거의 생각하지 못했고 순종은 의무에 의한 것이었지 헌신에서 비롯된 것이 아니었다. 그리고 내 영적 여정의 초기 단계는 위험을 극소화하기 위해 문제의 핵심을 회피하는 경우가 많았다. 그것은 결코 사랑에의 의탁을 향한 과정이 아니었다.

감사하게도 내 이야기는 거기서 끝나지 않는다. 하나님은 그분을 사모하는 마음을 내게 심어 주셔서 단순히 지옥을 피하는 것을 넘어 하나님과의 관계를 갈망하게 만드셨다. 하나님을 생각이 아닌 감정과 느낌으로 만나게 되었을 때 내 체험이 서서히 변화하기 시작했다. 이 과정은 1장 마지막 부분에서 권장한 기도 훈련으로 더욱 고무되었다. 천천히 그러나 꾸준히, 저주하시는 하나님에 대한 두려움이 사랑이신 하나님에 대한 의탁으로 변화되기 시작했다. 그로 인해 내 주변의 모든 것들이 달라지기 시작했다.

사랑과 두려움은 복잡한 관계가 있다. 에덴 동산 이래 인류는 "두려움의 영의 손아귀에서 벗어나 사랑의 품에 안기고자 노력해 왔다."[1] 완전한 사랑은 두려움을 몰아낸다는(요일 4:18) 말씀은 절대적으로 심오한 심리영성학적 진리를 내포한다. 그러나 사랑을 갈망하는 수많은 사람들이 두려움에 빠지게 되는 현상을 어떻게 이해하면 좋을까? 아마도 사람들은 사랑이 모든 것을 바꿔 놓는 어떤 힘이라고 오해하고 있는지도 모르겠다. 그렇지 않다면 우리가 때로 두려움을 사랑하는 것처럼 보인다는 것과, 두려움을 내려놓을 때 드는 상실감을 두려워한다는 것을 달리 어떻게 설명할 수 있겠는가?

기독교는 두려움에 대해 두 가지 상반된 메시지를 전하는 듯하다. 성경은 한 편으로는 우리에게 두려워하지 말라고 반복해서 말한다. 사실상 "두려워하지 말라"는 천사들이나 우리 주님이 인간들을 대면할 때 가장 흔하게 사용하는 인사말이다. 하나님은 두려움이 신적인 존재 앞에 선 인간의 자연적인 반응이라는 사실을 잘 알고 계신 듯하다. 두려움을 내려놓으라는 말씀은, 하나님은 우리가 생각하는 그러한 분이 아니라는 확신을 주며 우리에게 깊은 위로를 준다. 그러나 다른 한 편으로 성경은 우리에게 두려워하라고 반복해서 말하고 있다(신 10:12; 벧전 2:17). 그리고 우리는 하나님을 두려워하는 것이 지혜의 근본이라는 말씀을 알고 있다(잠 1:7). 또한 몸뿐 아니라 영혼까지도 멸하실 수 있는 하나님에 대한 당연한 반응도 두려움이라고 한다(마 10:28). 그렇다면 우리는 하나님을 두려워해야 하는가, 두려워하지 말아야 하는가? 두려움은 우리의 원수인가, 영적인 미덕인가?

어떤 그리스도인들은 두려움이 아닌 사랑으로 하나님께 반응해야 한다는 데 몹시 신경이 거슬린다. 그것은 지금까지 우주와 하나님과의 관계에서 익숙해져 있던 자신의 위치를 완전히 뒤바꾸는 것과도 같다. 이상하게도 그들은 두려움의 대상이 되는 친근하지 않은 하나님을 편안하게 생각하게 되었다. 그리고 경외감이나 존경심이 아니라, 끊임없이 긴장을 주는 하나님에 대한 두려움으로 살아가는 것이다.

이것이 기독교의 하나님이 우리에게 원하시는 것인가? 나는 그렇지 않다고 생각한다. 기독교의 하나님은 우리와의 친밀한 우정을 원하시지, 우리가 그분을 두려워하기를 원하지 않으신다. 하나님은 우리에게 놀라운 사랑의 손길로 다가오셔서 우리의 두려움을 몰아내길 원하시지, 두려움을 통해 우리를 조작하길 원하지 않으신다. 하나님은 자칫 험악한 곳이 될 수도 있는 이 우주를 따뜻한 집으로 만들기 위해 사랑을 내려 주신다. 그리고 우리를 두려움으로부터 자유롭게 하시기 위해 우리를 사랑하신다.

두려움의 여러 측면들

두려움으로부터 자유를 얻는 데 가장 큰 장애는, 가장 큰 두려움에 사로잡혀 있는 사람들은 정작 자신이 두려워하고 있다고 생각하지 않는다는 것이다. 두려움이 뱀이나 군중 등 외부적인 것에 대한 것이 아닌 한, 두려움에 사로잡힌 대부분의 사람들은 자신의 내부 갈등의 참된 본질을 인정하려 하지 않는다.

내 책을 읽고 연락한 페드라라는 젊은 여인은 자신을 절대로 두려움 가운데 있는 사람이라고 생각하지 않았다. 그러나 그녀의 영적 여정에 대해 이야기를 나누면서, 그녀가 하나님의 사랑에 의탁하는 것에 큰 두려움을 느끼고 있음을 분명히 감지할 수 있었다.

그녀에 대한 첫인상은 그녀가 내 시간을 뺏는 것을 매우 미안해한다는 것이었다. 괜찮다고 여러 번 확인시켜 주었지만 그녀는 줄곧 내가 얼마나 바쁜지 잘 알고 있으며 시간을 빼앗아 폐가 되지 않는지 걱정했다. 또한 나는 그녀가 오해를 없애기 위해 얼마나 조심스럽게 말하는지 감지했다. 편안하게 자신의 이야기를 하면 된다고 격려하자 그녀는 자신의 말과 행동에 조심성이 얼마나 깊이 뿌리 박혀 있는지 모른다고 했다. 나는 그녀의 말이 옳다는 것을 알 수 있었다.

페드라의 삶은 좁은 울타리와 정해진 경계 안에서 움직이는 삶이었다. 조심성과 통제가 그녀의 주된 관심사였고 그것들이 자신에 대해 유일하게 편안하게 느끼고 있는 부분이었다. 그것들은 또한 오해받을 것에 대한 두려움, 실수할 것에 대한 두려움, 통제력을 상실할 것에 대한 두려움을 가리는 가면이기도 했다.

나는 잘 통제된 그녀의 겉모습 이면에서 그녀의 거대한 열정과 에너지를 느낄 수 있었다. 그러나 그녀는 자신의 갈망을 두려워했으며, 자신의 평온을 깨지 않기 위해 그러한 갈망을 조심스레 억제하고 있었다. 하지만 그녀는 자신의 영적인 갈급함을 무시하기가 점점 더 어려워졌다. 그녀의 영이 하나님의 성령에 반응하고 있었던 것이다. 그녀는 삶에 대한 통제를 풀고 영혼의 연인에게 의탁하고픈 갈망이 있었고 그러한 깊은 갈망 때문에 나를 찾아왔다. 더욱 중요한 것은 그녀의 갈망이 그녀를 조금씩 하나님과의 사랑의 관계로 이끌었다는 것이다.

외적인 원인으로 생기지 않는 두려움을 포착하기란 매우 어렵다. 두려움은 여러 얼굴을 가지고 있으며 그 본질을 감추고 있다. 어떤 사람은 친밀함을 두려워하며, 어떤 사람은 고독을 두려워한다. 어떤 이는 통제력을 잃는 것을 두려워하며, 어떤 이는 이미지의 상실을 두려워한다. 어떤 이는 자신의 감정의 힘을 두려워하고 어떤 이는 위안의 느낌을 상실할 때 두려워하기도 한다. 어떤 이는 주목받는 것을 두려워하고 어떤 이는 소외되는 것을 두려워한다. 어떤 이는 삶을 두려워하고 어떤 이는 죽음을 두려워한다. 어떤 이는 쾌락을 두려워하며 어떤 이는 고통을 두려워한다. 어떤 이는 사랑의 상실을 두려워하며 어떤 이는 사랑 자체를 두려워한다.

그러나 두려움은 이것보다 훨씬 더 난해한 것이 될 수 있다. 때로 두려움은 어떠한 얼굴도 가지고 있지 않을 수도 있다. 아주 성공적으로 피한다면 두려움은 거의 흔적을 남기지 않는다. 그래서 우리들 가운데 두려움을 잘 회피하는 어떤 이들은 두려움이 삶에 별 영향을 미치지 못한다고 생각한다. 그러나 그것은 오해다. 두려움은 느끼지 못할지라도 존재하며 속박의 근원이 된다.

나는 내 삶에 두려움이 존재한다는 것을 알기까지 오랜 시간이 걸렸다. 나는 실패와 비판을 피하는 데 많은 에너지를 쏟으며 두려움을 피하려 했다. 그럼에도 나는 자신이 두려움에 사로잡혀 있다고 생각하지 않았다. 왜냐하면 두려움을 성공적으로 회피해 왔기 때문이다. 그러나 그러기 위해선 과잉 성취에 대한 충동을 느낄 수밖에 없었다. 또한 사람들의 기대에 부응함으로써 존경을 얻기 위해 끊임없이 달려야만 했다. 두려움을 회피하는 대신 매우 큰 대가를 치르고 있었던 것이다.

40대 중반에 접어들어 개인적인 실패를 겪음으로써 나는 비로소 내 안의 두려움을 발견하게 되었다. 일생 동안 피해 다닌 유령을 별안간 만나게 된 것이다. 그것의 이름은 실패였다. 내가 그것을 얼마나 두려워하는지를 발견한 그 사건은 실로 충격적이었다. 그러나 동시에 나에게 해방의 안도감을 안겨 주었다. 두려움을 인정하는 것은 가장 연약한 가운데 하나님을 만나는 계기가 되었고, 이웃을 더욱 정직하고 겸손하게 만나는 계기가 되었다.

2. 사랑과 두려움

두려움이 작용할 때 그 두려움의 대상은 그리 중요한 것이 아닌 것 같다. 두려움의 대상이 서로 다를지라도 두려워하는 사람들은 정작 매우 비슷한 경우가 많다. 두려움은 늘 존재하는 것이다.

두려워하는 사람들은 제한된 울타리 속에 산다. 그들은 매우 조심스럽고 보수적으로 보일 수 있다. 또는 회피와 충동으로 자신의 삶의 지평을 좁혀 나갈 수 있다. 그들은 가장 편안하게 느끼고 있는 울타리 밖으로 자신의 삶이 튀어나가지 않도록 항상 경계하고 있다.

이 때문에 두려움은 통제하고자 하는 욕구를 낳게 된다. 두려움 가운데 있는 사람들은 끊임없이 통제해야 할 것 같은 압박을 느끼게 된다. 그들은 자신을 통제하고 자신이 속한 세상을 통제하려고 노력한다. 그들의 선한 동기에도 불구하고 대부분 그러한 노력은 타인을 통제하는 데까지 나아가게 된다. 통제되지 않는 삶은 상상도 할 수 없다. 통제하려는 노력이 성공할 가능성은 매우 제한적임에도 불구하고 말이다.

두려움은 또한 타인에게 반응하는 것을 방해한다. 두려워하는 사람은 깊이 사랑하는 것처럼 보일 수 있지만, 두려움 때문에 사랑하고자 하는 욕구가 억제된다. 안정과 평안을 유지하는 데 에너지를 투자하면 이웃을 사랑하는 데 필요한 에너지가 고갈되는 법이다.

두려움의 역학

두려움과 사랑의 관계는 덴마크의 철학자 쇠렌 키에르케고르(Søren Kierkegaard)에 의해 주목받게 되었다.[2] 키에르케고르는 대부분 두려움을 연구하고 두려움과 싸우며 일생을 보냈다. 그의 통찰력은 자신에게는 별로 도움이 되지 않았지만 매우 심오한 것이었다.

키에르케고르는 두려움을 이해하는 데 매우 중요한 세 가지 원리를 발견했다. 첫째, 두려움은 인간의 영혼이 스스로를 무서워할 때 일어난다. 둘째, 두려움은 대부분 죄책감 대신 일어난다. 셋째, 죄책감은 항상 사랑의 억제라는 결과를 낳는다.

이러한 통찰들은 초기 형태의 이론에 불과했으며, 더 완전한 이론은 그가 죽은 뒤 분석심리학이 발생한 뒤에야 나타났다. 그러나 키에르케고르는 두려움의 본질을 이해하는 데 시대를 앞지르는 통찰을 보여 주었다.

자신을 두려워한다는 사실은 두려움의 중심에 자리잡고 있는 내면의 갈등을 보여 준다. 두려움의 대상이 외부적인 것으로 보이기도 하지만 두려움의 진정한 근원은 내부적인 것이다. 위험은 내면에 있다. 대적은 바로 자기 자신, 적어도 자신의 일부와 관련된 것이다.

두려움에 사로잡힌 사람이 가장 장애를 일으키는 부분은 감정이다. 전형적으로 그들은 감정의 힘을 두려워한다. 특히 행동에 대한 충동을 일으키는 감정을 두려워한다. 분노와 성, 다른 내면의 갈망과 욕구들은 모두 행동으로 이어질 수 있기 때문에 파괴적으로 느껴진다. 결과적으로 사람들은 감정을 차단하고 그 뒤에 숨어 있는 충동들을 제거하려 한다. 그러나 이것은 통제의 상실에 대한 두려움을 발생시킨다는 점에서 위험에 대한 감각을 증폭시킨다.

페드라의 경우가 이에 속한다. 그녀가 가장 두려워한 것은 자신의 감정의 힘이었다. 그녀는 무언가를 강하게 느끼도록 허용하면 그 일을 실행해야 하게 될 것을 걱정하였다. 그리고 그렇게 하면 자신이 회피의 수단으로 삼고 있던 자기 절제를 내려놓아야 한다는 것을 직감적으로 알고 있었다.

두려움의 뿌리에 있는 특별히 중요한 느낌 가운데 하나는 죄책감이라고 할 수 있다. 이런 경우 자아 가운데 타격을 입는 부분은 실패했다고 혹은 엄청나게 나쁜 짓을 저질렀다고 느끼게 되는 부분이다. 이런 느낌들은 대부분 의식되지 않는다. 그러나 그런 느낌들은 의식 가운데 두려움으로 침투하게 된다.

그래엄은 수년 동안 내면에 두려움이 잠복하여 따라다녔다고 말했다. 그는 어렸을 때 삼촌에게 성적으로 학대를 당했고 그 이후로 남자와의 관계에서 안전함을 느끼지 못했다. 시간이 지남에 따라 이것은 모든 인간 관계에 대한 두려움으로 일반화되기 시작했다. 그는 그것을 감추려고 부단히 노력했기에 대부분의 사람들은 그가 그런 두려움에 빠져 있었다는 것을 모르고 있었다. 그러나 그는 그것이 자신의 삶을 갉아먹고 있다는 사실을 알고 있었다.

그래엄은 성적으로 학대당한 경험에 근거한 죄책감을 가지고 있었다. 합리적이진 않지만 그 일에 자신의 책임이 있다는 막연한 느낌이 있었다. 그리고 두려움이 그러한 깊은 죄책감으로부터 자신을 방어해 주었던 것이다. 그는 사람들을 회피함으로써 내면의 고통과도 분리될 수 있었다. 죄책감을 없애는 대가로 무의식적 두려움을 가지게 된 것이다.

그렇게 되면 제거된 죄책감이 강박으로 드러난다. 예를 들어 강박적 친절은 자신이 너무 거세거나 이기적이거나 친절하지 못하다는 죄책감을 반영한다. 강박적인 분주함은 게으르다는 느낌과 관련된 죄책감에서 비롯된다. 문제는 실제의 객관적인 죄책감이 아니다. 두려움의 뿌리는 자신에 대한 비현실적인 기대감 뒤에 숨어 있다. 예를 들면 항상 사랑이 넘친다거나 항상 생산적이라거나 하는 것들에 대한 기대를 가지는 것이다. 그러면 잘 해 내기 위해 더욱 자신을 채찍질하게 되고 결국 실패하고 만다. 그리고 이것이 결국 죄책감을 강화한다.

이러한 감정들이 직접적으로 다루어지면 그 비현실적인 모습은 금방 정체를 드러내고 영향력을 잃는다. 그러나 죄책감이 계속해서 억압되면 쉽게 두려움으로 변하게 된다.

그래엄의 강박은 죄책감을 상기시킬 수 있는 모든 것을 회피하는 데 집중하고 있었다. 두려움은 괴로운 것이었지만 사람들과의 친밀함을 회피함으로써 더욱 괴로운 것으로부터 보호받을 수 있었다. 여기서 더욱 괴로운 것이란, 자신이 발휘하는 힘 때문에 다른 사람들이 무책임하고 난폭하게 행동할지도 모른다는 느낌이다.

그러나 키에르케고르가 지적한 것처럼 해결되지 않은 죄책감은 항상 사랑할 수 있는 능력을 파괴한다. 왜냐하면 죄책감을 가지고 있는 자아는 자신이 처벌을 받아야 하는, 위험한 존재라고 생각하기 때문이다. 무의식적인 죄책감은 자신의 사랑으로 타인들을 파괴하지 않도록 그들로부터 멀리 떠나 있게 만든다. 이것은 자아 집착이 되며 결국 사랑을 주고받는 능력이 심하게 손상된다.

그래엄은 사랑하는 능력이 매우 치명적으로 손상되었다. 그는 친밀함과 의탁을 갈망했지만 사랑의 관계를 망가뜨릴 수 있는 여러 가능성에 대해 두려움을 갖고 있었다. 사랑 그 자체가 위험한 것이 되었다. 왜냐하면 자신을 위험한 존재로 보고 있었기 때문이다.

요한일서의 말씀으로 돌아가 보도록 하자. 요한은 지난 200년에 걸쳐 도출해 낸 두려움에 관한 최고의 심리학적 이해를, 1,500년이나 앞서 단 한 구절에서 통찰해 내고 있다. "사랑 안에 두려움이 없고 온전한 사랑이 두려움을 내어 쫓나니 두려움에는 형벌이 있음이라. 두려워하는 자는 사랑 안에서 온전히 이루지 못하였느니라"(요일 4:18). 두려움의 역학에 관한 이보다 더 간결한 정리가 또 있을까.

이 말씀은 두려움의 해독제로서의 사랑을 나타내고 있다. 뒷장에서 이러한 진리를 계속 다루게 될 것이다. 그러나 지금은 어떻게 사랑 그 자체가 두려움의 대상이 될 수 있는지 더 자세히 살펴보기로 하자.

사랑에 대한 두려움

사랑을 두려워하는 이는 그래엄뿐만이 아니다. 수많은 사람들이 부모나 친구 혹은 애인으로부터 거절이나 무시를 당한 체험 때문에 친밀한 관계를 두려워한다. 그들은 다시 상처 입을 것을 두려워하여 사람들에게 다가가기를 회피한다. 그러한 반응은 충분히 이해할 수 있지만 바람직한 것은 아니다.

사랑은 의탁을 요구하기 때문에 위험한 것이다. 우리는 주어진 범위 내에서 사랑을 주고받을 수 있지만, 우리의 깊은 갈망과 사랑의 본질은 자기를 포기할 것을 요구한다.

그러나 포기한다는 것은 내면의 심연 끝으로 우리를 몰고 간다. 별안간 우리는 위험을 예견하는 질문들과 맞닥뜨리게 된다. 만약 내가 이 사랑에 의탁했다가 상처를 입으면 어떡하나? 나를 사랑하는 이에게 나를 내어 주었다가 배신을 당하면 어떡하나? 속마음을 드러냈다가 거절을 당하면 어떡하나? 사랑을 필요로 하는 나의 갈망에 내가 압도되면 어떡하나? 만약 상대의 사랑이 너무도 강하여 나 자신이 거기에 압도

되면 어떡하나?

성인기의 사랑은 유아기에 부모나 유모에게 의존했던 체험과 다시 연결되게 마련이다. 완벽한 부모는 없기에 그 누구의 유아기 체험도 절대적으로 긍정적일 수 없다. 거기서 비롯된 사랑에 대한 실망이, 나중에 성인이 되어 사랑을 하게 될 때 표면 위로 떠오르게 된다. 결과적으로 어떤 이들은 사랑 앞에서 주저하며 잠재된 위험 대신 익숙한 두려움을 더 선호하는 경향을 보인다.

자기를 포기하는 순간 얼마간 조심을 하는 것은 물론 적절하다. 그러나 사랑에 대한 헌신이 불가능할 정도로 불안을 느끼는 것은 슬픈 일이다. 그리고 가장 슬픈 일은 이러한 불안이 완전한 사랑을 대면하는 것을 막는 것이다. 그 완전한 사랑이야말로 두려움을 치유할 수 있는 가능성을 지니고 있기 때문이다.

완전한 사랑

기독교의 하나님은 인간이 상상할 수 있는 그 어떤 신과도 다르다. 사실상 기독교의 하나님은 우리가 원하거나 받아들일 준비가 되어 있는 그런 방식으로 다가오시지 않는다. 이것으로 하나님이 단순히 인간의 상상력이나 욕구의 산물이 아니라는 것을 분명히 알 수 있다.

하나님의 사랑에서 가장 독특한 점은 조건이 없다는 것이다. 하나님은 그저 인간을 사랑하실 뿐이다. 하나님은 당신과 사랑의 관계를 누리도록 인간을 창조하셨다. 그리고 우리가 어떤 일을 하든 그의 사랑을 바꿀 수는 없다.

하나님이 무조건적으로 우리를 사랑하신다는 관점은 참으로 파격

2. 사랑과 두려움

적이다. 필립 얀시(Philip Yancey)는 이렇게 말했다. "불교의 팔정도, 힌두교의 업(業, *karma*), 유대교의 언약, 이슬람의 법전은 모두 인정을 받는 방법을 제시하고 있다. 오직 기독교만이 하나님의 사랑을 무조건적인 것이라고 선포한다."[3] 그리스도인들이 예배하는 하나님은 죄인들을 사랑하시며, 넘어진 자를 구원하시며, 새로운 시작을 기뻐하시며, 잃어버린 양을 끊임없이 찾으시며, 탕자를 기다리시며, 인생의 항로에서 낙오된 자들을 구원하시는 하나님이시다.

기독교의 은혜의 하나님은 변덕스럽고 복수심에 가득 찬, 협박을 일삼는 타종교의 신들과는 뚜렷한 대조를 보인다. 오직 주 하나님만이 인간들을 무조건적으로 사랑하신다. 오직 주 하나님만이 우리의 모든 허물을 용서하시고, 어떻게 우리 자신을 용서할 수 있는지 가르쳐 주신다. 오직 주 하나님만이 그분이 요구하시는 것을 제공해 주신다. 오직 주 하나님만이 당신의 백성을 위해 하나뿐인 아들의 생명을 주실 수 있다. 주 하나님이 일관된 은혜로 인간들을 대하신다는 것은 인류에게 최고의 소식이 아닐 수 없다.

예수님이 오셔서 하나님의 성품을 보여 주시지 않았더라면 우리는 기독교의 복음을 절대로 발견할 수 없었을 것이다. 우주는 받을 자격이 있는 것만을 주는 원칙에 의해 돌아간다고 모두가 말한다. 그러나 믿어지지 않게도 하나님은 단순히 우리의 형상을 반영하는 존재가 아니며 우리가 상상할 수 있는 그 어떤 것과도 같지 않다. 하나님은 우리가 받을 자격이 없는 것을 제공해 주신다. 그분은 우리 죄를 용서하시고 사랑으로 포용해 주신다.

은혜가 놀라운 것은, 오직 그것만이 두려움으로부터 우리를 자유롭게 할 수 있으며 우리를 진실로 온전하고 자유로운 존재로 만들 수 있다는 것이다. 하나님의 사랑에 의탁하면 죄책감에서 자유로워질 수 있는 가능성을 얻는다. 그리고 하나님의 인정을 얻기 위한 노력으로부터 자유롭게 되고, 아버지가 우리를 사랑하시듯 진정으로 하나님과 이웃을 사랑할 수 있는 자유를 얻게 되는 것이다.

"고맙습니다. 그러나 괜찮습니다."

사람들이 하나님이 두말할 나위도 없이 우리 편이시라는 것을 좋은 소식이라고 생각할 것 같지만 현실은 그렇지 않다. 우리의 타고난 기질은 삶을 스스로 주관하려 하고 또 택한 길에 대해 대가를 치르려고 하기 때문에 무조건적인 사랑은 믿을 수 없는 것일 뿐 아니라 두렵기까지 하다. 쉽게 말하자면 우리는 그것을 원하지 않는다.

인간 심리의 영역에서 은혜란 생소한 것이다. 우리는 삶을 먼저 잘 정리한 **뒤에** 하나님이 우리를 사랑하고 받아들이시도록 하고 싶어한다. 행위로 말미암은 의와 자기 증명의 심리학은 인간의 정신 밑바닥에 깔려 있는 것이고 은혜와는 거리가 멀다.

마음 깊은 곳에 하나님의 은혜를 거부하는 경향은 사랑에 대한 두려움을 이해하는 데 도움이 된다. 어떤 사람은 모든 종류의 사랑을 두려워하지만 대부분의 사람들이 두려워하는 것은 무조건적인 사랑, 즉 완전한 사랑이다. 이런 사랑을 거부하는 이유는 바로 그것이 의탁을 요구하기 때문이다.

어느 찬송가에서 노래하듯 우리는 "빈 손 들고 앞에 가 십자가를 붙들며" 하나님께 나아온다. 나는 이 사실이 매우 불편하다. 나는 얼마나 내 믿음, 내 노력, 내 사랑, 내 신념 등 내가 가진 것을 내세우려 하는지 모른다. 하지만 결국 이 완전한 사랑은 나를 있는 모습 그대로 받아들이고, 내가 마음을 열어 갈망해 오던 사랑을 받아들이기를 요구한다.

내가 진정으로 거부하는 것은 사랑에 의탁하는 것이다. 나는 내 삶의 기본적인 원칙을 어지럽히지 않는 한 적당한 사랑을 받아들일 준비가 되어 있다. 삶의 기본적인 원칙이란 바로 받을 자격이 있는 것만을 받는다는 것을 전제한다. 그것이 바로 내가 진정 원하는 것이다. 나는 내가 받아야 할 것을 받고 싶다. 그리고 대부분의 경우 나는 내가 받은 것들에 만족한다. 자선품을 받는 것보다 나를 화나게 하는 것은 없다. 이것이 믿어지지 않는다면 타인의 도움으로 살아가는 사람에게 물어보라. 사람들이 원하는 것은 자신이 바라는 사랑을 얻는 것이다.

기독교의 하나님은 우리에게 절대적 타자(wholly other)로 다가온다. 그분은 상상 속의 신과는 너무나도 다른 모습으로 내가 통제할 수 없는 곳에 계신다. 이런 하나님을 만난다는 것은 너무나 두려운 일이다. 왜냐하면 완전한 사랑을 만난다는 것은 바로 자신의 자아를 버리라는 요구이기 때문이다. 우리가 만들어 내는 신은 훨씬 덜 두려운 존재일 것이다. 하지만 그런 신은 나를 두려움에서 해방시켜 깨어진 모습을 치유하지는 못한다.

사랑은 두려움을 극복한다

기독교의 하나님은 이런 모든 것을 이해하신다. 그분은 우리를 창조하셨고 우리를 친밀하게 아신다. 그분은 우리의 통제력을 위협하는 것들에 대해 우리가 어떻게 반응하는지 아신다. 그리고 완전한 사랑에 수

반되는 자기 포기에 대한 두려움도 아신다.

그렇기 때문에 하나님이 우리를 처음 만날 때 하시는 말씀이 바로 "두려워 말라"다. 이것은 명령이 아니라 권유다. 하나님은 우리의 두려워하는 습성을 이해하고 계시며, 그분이 우리의 두려움을 벗기고 사랑으로 치유하시는 것을 받아들이라고 우리에게 온유하게 요청하신다.

모세와 불타는 떨기나무의 이야기가 이것을 잘 설명해 준다. 출애굽기 3:1-12에 의하면 모세가 어느 날 양을 치다가 불에 타고 있는 나무 한 그루를 보게 된다. 가까이 다가가면서 그는 이상한 광경을 목격하게 되었다. 나무가 불에 타고 있으면서도 사라지지 않는 것이다. 이것을 보고 그의 호기심은 더욱 발동하게 되었다. 그는 더 가까이 다가갔다. 갑자기 하나님의 천사가 나타나 경고하며 말하였다. "모세야, 모세야!… 이리로 가까이하지 말라." 호기심은 순식간에 두려움으로 변하였다.

두려움과 경외심을 혼동하는 몇몇 그리스도인들은 하나님이 우리가 그분을 두려워하기를 원하신다고 생각한다. 그들은 천사가 모세에게 하나님을 두려워하는 것을 가르쳐 주기 위해 그렇게 말했다고 단정할지도 모른다. 하지만 나는 그것이 모세를 위험에서 보호하기 위함이었다고 말하고 싶다. 하나님의 거룩을 보지 못하고 주제넘게 신성에 다가서는 위험 말이다. 하나님은 모세가 그분에게서 멀리 떨어져 있기를 바라신 것이 아니다. 오히려 하나님은 모세와 마음을 나누기 위해 그가 하나님께로 다가오기를 원하셨다. 하지만 동시에 하나님은 모세가 거룩한 타자이신 그분께 나아오기를 원하셨다.

하나님이 그 뒤 모세에게 말씀하신 것은 자신이 그의 백성의 고통을 알고 있고 그들을 구원하기 원하신다는 것이었다. 하나님은 모세에게 그분의 긍휼의 얼굴을 보여 주셨다. 사람들이 두려워해야 하는 다른 신들과는 달리, 하나님은 고통받는 사람들과 함께 고통을 당하시며 그들을 속박하는 모든 것으로부터 자유케 하기 원하시는 온유한 분이심을 모세가 알기 원하셨다.

하나님이 긍휼의 하나님이심을 발견한 후 모세의 두려움은 조금씩 사라지기 시작했다. 그러나 하나님이 그에게 하나님의 구원 계획을 말씀하시자 순식간에 두려움이 또 다시 밀려왔다. 그가 이집트로 가서 갇힌 자들을 데리고 나와야 했던 것이다. 모세는 자신의 부족함을 깨닫고 그 엄청난 계획에 압도당했다. "누구요? 저 말입니까? 제가 어떻게 그런 일을 감당할 수가 있나요?"

그에 대한 하나님의 대답이 바로 모세를 따로 부르시고 자신의 마음을 나눈 이유였고 그 만남의 핵심이었다. "내가 너와 함께 있으리라"(출 3:12).

하나님은 우리가 두려움에 빠져 뒤에 머물러 있기를 원하지 않으신다. 하나님이 원하시는 것은 경외감이 따르는 친밀한 관계다. 그분은 우리가 그분의 마음을 알 수 있을 만큼, 그분의 심장 박동을 들을 수 있을 만큼 가까이 있기 원하신다. 그분은 우리의 눈을 들여다볼 수 있기 원하시며 우리도 그렇게 하기 원하신다.

예수님이 물 위를 걸어서 베드로와 다른 제자들에게 나타난 이야기 또한 이 점을 잘 설명해 준다(마 14:22-33). 첫째로 예수님이 베드로에게 물 위를 걸어서 자신에게 오라고 권하시는 것을 주목하라. 예수님은 친밀함을 요구하시고 의탁을 요구하신다. 베드로는 믿음으로 발을 배 밖으로 내디딘다. 그리고 놀랍게도 물에 빠지지 않는다! 하지만 그가 예수님으로부터 시선을 돌려 파도를 바라보기 시작했을 때 순식간에 물속에 가라앉는다. 놀라움 대신 두려움이 찾아오고 그는 미친 듯이 소리친다. "주여, 나를 구원하소서!" 그러자 예수께서 즉시 손을 내밀어 저를 붙잡으신다.

완전한 사랑은 두려움을 이겨 낸다.

예수님이 바로 두려움의 해독제다. 그분의 어떤 특정한 면을 믿거나 그분이 명령하시는 바대로 행하려고 노력하는 것이 아니라, 오직 하나님의 사랑만이 우리의 내적 갈등과 죄책감과 공포에서 우리를 놓아 줄 수 있다. 예수님은 하나님이 어떤 분이신가를 보여 주려고 우리에게 오셨다. 인간 세상에 등장한 신에게 우리가 어떻게 반응할 것인지 알고 계셨던 하나님은 인간의 모습으로 세상에 오셔서 우리의 있는 모습 그대로 만나시며 우리의 두려움을 최소화하신다. 성육신 사건은 우리 죄로 인하여 생긴 골짜기를 가로질러 관계를 다시 잇기 위해 하나님이 우리에게 손을 내미시는 것이다. 성육신 사건은 두려움을 내어쫓는 진실한 사랑을 보여 준다.

앤지에게 하나님의 깊은 사랑에 대한 확신이 없었더라면 두려움으로 인해 하나님을 신뢰하지 못했을 것이다. 가장 먼저 그녀는 두려움을 안고 하나님께 나아와도 괜찮다는 것을 배워야 했다. 그것만이 그녀가 하나님께 나아올 수 있는 방법이었다. 그녀가 완전한 사랑의 얼굴 앞으로 나아오기 전까지 두려움은 끊임없이 그녀를 따라다녔다. 그러나 그녀가 하나님의 사랑에 흠뻑 젖어 그것이 그녀의 정체성에서 가장 기본적인 진실이라는 것을 믿게 되었을 때, 두려움은 천천히 사라지기 시작했다. 그리고 그녀는 자신이 하나님의 사랑을 느끼고 있다는 것을 발견하고 놀라워했다. 그것은 그녀의 노력으로 된 것이 아니었다. 그저 그렇게 되었을 뿐이다. 하나님의 마음이 그녀의 마음에 닿았던 것이다.

더 깊은 묵상으로

혹시 이 장을 통해 당신 안에 있는 두려움을 생각하게 되었다면 잠시 그것들을 묵상해 보자. 그것들을 회피하지 말라. 한낮의 빛 아래서 그것들을 대면하라. 그리고 하나씩 열거해 보라. 대면하기 꺼려지는 그 부분이 우리 안에서 폭군으로 군림할 가능성이 제일 높다. 두려움의 실체를 부인하는 것은 자신에 대해 무지한 것이다. 그렇게 되면 우리가 대면하기를 거부했던 것에 사로잡히고 만다.

하지만 두려움을 대면하는 것이 그리 쉬운 일이었다면 우리는 벌써 그렇게 했을 것이다. 그러니까 당신이 이전에 거부했던 것들을 이제 대면하려면 무엇인가 달라져야 한다. 그 차이는 바로 사랑이다.

내면의 불쾌한 부분들을 대면할 수 있는 용기는 우리가 깊이 사랑받고 있는 존재라는 깨달음에서 온다. 또한 우리가 안전하다는 확신에서 나온다. 우리의 눈길은 두려움을 벗어나 끊임없이 하나님의 사랑을 바라보아야 한다. 사랑에 흠뻑 젖어 있을 때 우리는 두려움을 대면할 용기가 생긴다.

예수님의 삶과 가르침의 여러 측면들을 묵상하면 완전한 사랑에 더욱 든든히 뿌리박는 데 도움이 될 것이다. 아래의 짧은 장면들을 통해 묵상의 세계로 들어가 보라. 각 상황에 처한 당신의 모습을 그려 보라. 각 장면의 모든 감각적 요소들을 관찰하고, 듣고, 적어 보라. 당신의 감정을 느껴 보라. 그리고 예수님께 주목해 보라. 이 경험을 통해 깊이 사랑받는 것이 어떤 것인지를 발견하고, 이 사랑에 의탁하는 데 방해가 되어 왔던 두려움을 대면하라.

마태복음 19:13-15

사람들이 어린아이들을 데리고 와서 예수님께 축복해 달라고 요청하는 자리에 예수님과 함께해 보자. 그리고 제자들이 그 부모들에게 선생님을 귀찮게 하지 말라고 호통치는 소리를 들어 보라. 이제는 예수님의 말씀에 귀기울여 보라. "어린아이들을 용납하고 내게 오는 것을 금하지 말라. 천국이 이런 자의 것이니라." 당신이 그 어린아이들 중 하나가 되어 예수님께 나아오는 것을 상상해 보라. 그분의 무릎 위에 올라가서 그분이 당신을 축복하기 위해 손을 얹는 것을 느껴 보라.

마태복음 22:1-14

이 혼인 잔치 초청의 글을 읽으며, 완전한 사랑의 하나님이 깨어지고 두려워하는 당신의 내면을 가지고 나아오도록 당신을 초청하고 계신다고 생각해 보라. 당신이 무시했던 부분들을 가지고 온다면 각 부분들을 위해 준비된 장소가 있음을 깨닫게 될 것이고, 각 부분은 하나님의 사랑 안에서 환영받을 것이다. 무시당했던 부분들이 이제 특별한 대우를 받으면서 하나님 사랑의 따사로움을 누릴 수 있도록 하라.

마가복음 6:45-52

배 안에서 제자들이 막 일기 시작하는 폭풍우를 바라보는 자리에 함께해 보라. 예수님이 당신을 향해 물 위를 걸어오시는 것을 주목하라.

2. 사랑과 두려움

그분의 위로의 말을 들으라. "안심하라, 내니 두려워 말라." 이제 그분이 배 위로 오르시는 것을 주목하고 바람과 당신의 두려움이 사라지는 것을 관찰하라.

누가복음 12:22-32

이 말씀을 예수님이 당신에게 처음으로 그리고 직접적으로 말씀하신 것같이 들어 보기 바란다. 당신이 예수님께 얼마나 소중한 존재인지를 주목하고 당신을 향한 예수님의 사랑 이야기를 들어 보라. 그리고 그의 사랑 안에 잠기는 것이 어떤 느낌인지 생각해 보라. 당신의 모든 필요를 보살피시며 당신이 기대할 수 있는 것 이상으로 베풀어 주실 것을 약속하시는 하나님의 사랑 안에서 쉼을 누리라.

3. 의탁과 순종

기독교는 사랑에 의탁하는 것을 영적 여정의 핵심에 둔다. 이것이 무엇을 의미하는지 정확히 알기 위해서는 이 의탁의 개념을 더욱 자세히 살펴볼 필요가 있다.

아주 먼 옛날, 그리 특별한 것이 없는 어느 마을에 그리 특별하지 않은 한 소녀가 있었다. 그녀의 이름은 미리암이었다. 그 이름은 당시 그 지역에서 매우 흔한 이름이었다. 그녀의 가족은 별로 특별한 것이 없었고 그녀 또한 마찬가지였다. 겉으로 보기에 그녀는 인간 역사 가운데 별 의미가 없어 보이는 시대에 그리 중요하지 않은 나라의 외딴 마을에 사는 가난한 십대 소녀였다.

미리암이나 그의 가족은 믿음의 사람들이긴 했지만 특별히 종교적이지는 않았다. 그 마을에는 성전도 없었고 종교 지도자들도 거의 찾아오지 않았다. 하지만 미리암은 민족의 영웅에 대한 이야기와, 선조들이 하나님을 신뢰했던 위대한 이야기를 들으며 자랐다. 그들이 존경하는 첫 번째 조상은 가족을 떠나 약속된 미지의 땅으로 하나님을 따라가라는 부르심을 '들었다.' 그리고 그 이야기에 의하면 하나님은 약속을 지키셨고 그에게 큰 복을 주셨다.

　하나님의 선하심에 대한 이야기는 미리암의 공동체에서 아주 일반적인 이야기였다. 하나님을 신뢰하고 그 신뢰가 헛되지 않았던 사람들의 이야기가 많이 있었다. 하지만 아주 오랜 기간 하나님은 음성을 들려주지 않으셨다. 마을의 어느 누구도 그들 공동체가 귀중하게 여기는 하나님을 신뢰하라는 그분의 음성을 들은 기억이 없었다.

　그런데 모든 것이 하루아침에 바뀌었다. 홀연히 천사가 미리암에게 나타나서 하나님이 아주 중대한 사명을 맡기기 위해 그녀를 선택했다고 말한 것이다. 미리암의 첫 번째 반응은 두려움이었다. 이것을 안 천사는 그녀에게 아무것도 두려워할 것이 없다는 확신을 불어넣어 주었다.

　천사의 말은 계속되었고 두려움은 혼란으로 변했다. 하나님이 그녀를 하나님의 아들의 어머니가 되도록 선택했다는 것이다. 그리고 그 아이는 하나님의 성령과 그녀의 합일을 통해 잉태될 것이라고 하였다. 즉시 미리암의 머리는 수백 가지 질문들로 가득 차게 되었다. 천사의 제안이 무엇을 의미하는지를 생각해 보자 또다시 두려움이 생기기 시작했다. 하지만 그녀의 마음 깊은 곳에는 지극히 신실하신 하나님에 대한 신뢰가 있었다. 그래서 그녀는 천사에게 다음과 같이 대답할 수 있었다. "주의 계집종이오니 말씀대로 내게 이루어지이다"(눅 1:38).

　미리암은 우리에게 마리아라는 이름으로 더 잘 알려져 있다. 그리스도인들은 하나님에 대한 깊고도 흔들리지 않는 신뢰와 하나님의 뜻에 순종하는 모습 때문에 이 어리고 겸손한 유대 소녀를 존경한다. 그녀는 하나님께 열린 마음을 가지고 있었으며 하나님이 원하는 대로 하시도록 신뢰했다. 그리고 그녀 안에서 예수님이 사시도록 기쁘게 받아들였다. 그리스도인들은 이것이 바로 하나님의 사랑에 의탁하는 모습을 보여 주는 것이라고 생각한다.

의탁은 자율성과 자기 통제에 위배되는 것이다. 믿을 수 있는 사랑이 아니라면 어떤 경우에도 이것은 매우 지혜롭지 못한 행동이다. 하지만 인격적으로 알게 된 완전한 사랑에 대해서는 저항이 쉽게 사라지고, 의탁은 매우 자연스럽고 쉬워진다.

예수님이 우리에게 요구하시는 의탁은, 우리의 뜻 대신 예수님의 뜻과 그분의 생명을 택하는 것이며 오직 사랑에 의해서만 동기가 유발된다. 하지만 우리는 종종 의탁 대신 다른 것을 행하기도 한다. 때로 그것이 겉으로 보기에는 너무 비슷해서 쉽게 의탁과 혼동할 때가 많다. 그것은 바로 순종이다.

순종하기로 선택하기

많은 그리스도인에게 의탁보다는 순종이 더 잘 알려져 있다. 성경은 군대적 맥락을 떠나서는 절대로 'surrender'(의탁, 항복)라는 단어를 쓰지 않지만 'obedience'(순종)는 지속적으로 사용한다. 그렇기 때문에 많은 설교와 책들이 순종에 초점을 두고 있는 것 또한 그리 놀라운 일은 아니다.

의탁과 순종을 비교하면서 나는 이 둘 사이에 너무 먼 거리를 두고 싶지는 않다. 의탁하는 사람들은 순종한다. 하지만 순종하는 모든 사람이 의탁하는 것은 아니다. 잘못된 이유로 하나님께 순종하는 것은 꽤 흔한 일이다. 하나님이 원하시는 것은 마음과 뜻의 의탁이지 그저 행동으로만 따르는 것은 아니다.

'믿고 순종하기'라는 말은 순종을 마음의 의탁이라기보다 의지의 행위라고 생각하는 데 초점을 맞추는 그리스도인들의 이해를 잘 요약한 것이다. 이 말의 의미는 쉽게 말해, 우리가 해야 할 일은 하나님에 대한 어떤 것들을 믿고 하나님이 요구하시는 것을 실행하는 것이 전부라는 뜻이다. 우리는 순종이 어렵기는 하지만 열심히 생각을 집중하고 열심히 할 마음의 준비가 되어 있으면 실행 가능한 것이라고 생각하는 유혹에 빠지기 쉽다.

그러나 거기에는 두 가지 문제점이 있다. 첫째, 하나님이 요구하시는 것을 우리 자신의 힘으로는 절대로 성취하지 못한다는 점이다. 하나님이 그렇게 하라고 말씀하시지 않았음은 물론이고, 그분이 계획하시는 것은 우리가 순종에 실패함으로써 의탁으로 나아가게 되는 것이다. 계속해서 우리 힘으로 이루어 보려고 더 많이 노력하는 대신 우리가 죄로 인해 하나님을 필요로 한다는 것을 알게 되는 것이다. 이것이 바로 사도 바울이 약함 속에서 하나님의 강함이 완전하게 되고 자신은 약함을 자랑한다고 말한 이유다(고후 12:1-10). 이것이 바로 리처드 로어(Richard Rohr)가 말하는 불완전함의 영성이다.[1]

두 번째 문제점은, 그저 하나님이 하라고 하시는 것만 행하면 자아의 나라가 꿈쩍도 하지 않는다는 것이다. 자신이 모든 것을 통제하려 하고 자신의 뜻대로 살고자 하는 태도는 도전을 받지 않는다. 하나님의 나라는 자아의 나라를 완전히 전복시켜야 한다. 이들은 경쟁 관계에 놓여 있는 두 영적 나라다. 그리스도를 따를 때 자기 통제와 이기심이 그대로 남아 있다면 그것은 뭔가 잘못된 것이다.

물론 이것은 순종이 나쁜 것이라는 뜻은 결코 아니다. 순종은 매우 중요한 기독교의 미덕이다. 복된 삶은 순종에 달려 있다. 하나님의 계명은 임의로 생각할 수 없는, 마치 제조업자가 만든 사용 설명서와도 같다. 어리석은 자들만이 그것을 무시한다. 왜냐하면 그것이 우리 삶이 돌아가는 방식을 알려주기 때문이다. 그것은 우리를 진실한 삶으로 인도하고 가장 깊은 성취감을 맛보게 한다.

순종은 권위와 밀접한 관계가 있다. 순종한다는 것은 어떤 사람의 권위에 복종하는 것을 말한다. 우리가 만약 새 차를 사서 사용 설명서에 쓰여 있는 자동차 관리 사항들을 지킨다면 그것은 그 제조업자의 권위를 받아들이는 것이다. 우리가 국가의 법을 따른다면 그것은 국가의 권위를 인정하는 것이다. 우리가 하나님의 법에 순종한다면 그것은 하나님의 권위에 복종하는 것이 된다.

이것이 바로 순종에 대한 성경적인 이해의 핵심이다. 순종은 하나님의 권위에 복종하는 것이다. 바람과 바다가 예수님의 권위에 복종했을 때 성경 기자는 그것을 순종이라고 표현했다(마 8:27). 이 외에도 더러운 영(막 1:27)이나 사람들(삼상 15:22)에 대해서도 같은 표현을 쓴다. 우리말 성경에서 '순종'으로 번역된 헬라어는 하나님의 뜻을 듣고 그 뜻에 복종하는 것을 말한다. 순종은 우리를 자유케 하는 권위에 자신을 의탁하는 것이고 불순종은 그 권위에 복종하기를 거부하는 것이다.

그러나 하나님이 우리가 그저 행동으로만 그분의 명령을 따르기를 원치 않으신다는 것은 분명하다. 하나님은 행동과 마음이 모두 포함된 순종을 원하시며 우리가 올바른 이유를 가지고 올바른 행동을 하기 원하신다. 로마서의 저자는 기독교 영성의 목표를 "마음으로 순종"(롬 6:17)하는 것이라고 말했다.

사실 하나님이 보실 때 마음에서 우러나오지 않는 순종은 그리 중요한 것이 되지 못한다. 중요한 것은 속에 있는 것이다. 동기가 중요한 것은 하나님이 우리의 올바른 행동만을 바라시는 것이 아니라 우리의 사랑과 우정을 원하시기 때문이다. 하나님이 그저 시키는 대로만 하는 존재를 원하셨다면 자동 인형을 만드실 수도 있었을 것이다. 하지만 하나님은 자신과 닮은 존재들과 친밀한 교제를 원하셨기에 사람을 만드셨다. 그리고 우리가 그저 그분이 원하시는 일을 하기보다 그분의 사랑에 의탁하는 것을 배울 때까지 인내하시며 우리에게 구애하고 계신다.

이것은 특히 예수님의 산상수훈에 더 잘 나타나 있다. 만약 율법을 통해 하나님의 최소한의 기준에 이르기를 기대했다면 산상수훈 말씀은 심각하게 낙심스러운 소식이 될 것이다. 여기서 예수님은 의가 마음과 행동을 모두 포함한다는 것을 확실히 하심으로써 기준을 더 높이고 계신다. 예수님은 하나님이 우리의 마음을 원하시지 의지만을 원하시는 것이 아니라고 다시 한 번 상기시켜 주신다.

의지적인가, 자발적인가?

그리스도인의 순종을 의지의 문제로 보게 되면 의지적인 자기 결정력을 더욱 강화하는 결과가 나온다. 이것은 누가 가르쳐 주지 않아도 알게 되는 자기 중심성의 핵심이다. 의지력의 힘에 대해 의심이 간다면 주변에 있는 두 살배기 어린아이의 행동을 주목해 보라.

의지에 근거하여 일을 하면 스스로에게 초점을 맞추게 된다. 맹세와 결심에 바탕을 둔 삶은 의탁과는 거리가 먼 삶이다. 이것은 주먹을 꽉 쥐고 사는, 자신이 삶을 통제할 수 있다는 환상을 가지고 사는 삶이다.

3. 의탁과 순종

이것은 자아의 나라 법대로 사는 삶이다.

그에 비해 자발적으로 행한다는 것은 통제하려는 마음을 양도하는 것이다. 열린 손이 상징하는 것처럼 자율성과 자기 의지를 의탁하는 것이다. 이것은 통제하려는 헛된 집착을 포기하고 자아의 나라의 열쇠를 양도하는 것이다.

그리스도는 바로 자발적으로 산 삶의 본보기다. 우리가 주기도문이라고 부르는 기도에서 그분은 "당신의 뜻을 이루소서" 하고 기도하셨다. 그리고 그저 기도만 하신 것이 아니라 자신의 뜻보다 하나님의 뜻을 더욱 기쁘게 여기는 삶을 사셨다. 기독교 영성은 바로 자기를 버리신 예수님을 따라 사는 것이다. 이것은 자발적으로 의탁했던 그분의 본보기를 따라 사는 것이다.

마지못해 억지로 결심하는 식의 의탁은 부모에게도 그러하듯이 하나님께 기쁨이 되지 못한다. 그뿐 아니라 우리가 바라는 활력과 성취감을 주지 못한다. 이는 고작 우리 이기심을 더욱 강화시키고 우리를 더 완고하고 교만하게 만들 뿐이다.

의탁하는 마음에서 흘러나오는 순종은 그것과는 전혀 다르다. 의지력과 결심이 아닌 사랑이 바로 우리가 원하고 행하는 것들의 동기가 된다. 이것이 바로 기독교 영성이 말하는 진정한 변화의 모습이다. 이러한 변화는 언제나 내면에서 시작되어 겉으로 드러난다. 그리고 언제나 사랑만이 그러한 변화의 근원이고 동기이며 표현이다.

자발적으로 의탁하기

기독교적 순종의 핵심이 하나님의 의지를 듣는 것이라면 의탁의 핵심은 우리의 의지를 자발적으로 포기하는 것이다. 그리고 오직 사랑만이 이것으로 이끌 수 있다. 하지만 더욱 놀라운 것은 사랑이 이것을 가능하게 할 뿐 아니라 이것을 매우 쉽게 해준다는 것이다.

사랑이 아닌 다른 어떤 것에 의탁하는 것은 어리석은 것이다. 자신을 학대하는 상대에게 의탁하는 사람들의 이야기를 들을 때 우리는 경각심을 가져야 할 것이다. 의탁은 매우 큰 상처를 가져올 수도 있기 때문에, 무조건적인 사랑이 아닌 다른 어떤 것에 의탁하는 것은 책임 있는 행동이라고 할 수 없다. 궁극적으로 절대적인 의탁은 결국 완전한 사랑 안에서만 할 수 있는 것이다. 오직 하나님만이 완전한 의탁을 받으실 수 있다. 하나님만이 절대적으로 의지할 수 있는 사랑을 주시기 때문이다.

복종에 대한 우리의 자연적인 저항에도 불구하고 우리 영혼의 깊은 곳에는 의탁을 향한 목마름이 있는 듯하다. 내가 원하는 모습과는 다르게, 나는 일생 동안 나보다 큰 어떤 존재에 자신을 완전히 내어놓고자 하는 갈망을 느껴 왔다. 인간이 된다는 것은 이런 것이 아닐까? 우리는 하나님의 형상을 따라 지음받은 피조물이며 하나님의 영은 우리 영에게 말을 건넨다. 이는 우리가 의탁하지 않고는 자유가 없음을 상기시켜 준다.

하나님의 형상을 따라 지음받았다는 말은 우리가 하나님께 의탁함으로써 자유를 누리지 못할 때 결국 실망과 좌절을 경험할 수밖에 없다는 말이다. 하나님만큼 우리 자신을 의탁할 수 있는 값진 사랑은 없다. 그분만큼 충분한 목적도 없다. 하찮은 신들에게 의탁하는 것은 활력의 샘이 아니라 결국 속박의 근원이 된다.

예수님은 하나님께 의탁하는 열쇠이시다. 그분은 의탁하라고 명령하지 않고 또한 그의 권위로 순종을 요구하지도 않으신다. 대신 친밀함을 불러일으키는 사랑으로 우리를 환영하시고, 힘으로 명령하는 대신 연약한 자리에서 우리를 초청하신다. 하나님은 예수님 안에서 인간이 되시고 말할 수 없이 부드럽고 친절하게 우리를 부르신다. 이는 그분이 우리의 마음을 원하시지 우리의 의지만을 원하시지 않기 때문이다. 바로 사랑을 통해서만 우리가 마음과 의지를 자발적으로 드릴 수 있다는 것을 아시기 때문이다.

예수님은 우리가 그분께 나아오도록 초대하시며 삶을 통제하려는 노력을 버리기를 권하신다. 자율성을 향한 필사적이고도 허무한 노력을 버리기를, 자기 중심성에서 비롯된 고독과 완고함을 버리기를 권하신다. 그리고 대신 쉼과 성취감을 주시고 그리스도 안에 있는 진정하고 심오한 자아를 발견하게 하신다. 이 의탁의 발걸음을 뗄 때 우리는 순식간에 자신도 모르게 무의식적으로 바라던 자리를 발견하게 된다. 힘센 손에 들린 연장처럼 우리가 있어야 할 곳을 찾게 되며 마침내 주인이 우리를 찾으셨음을 깨닫게 될 것이다.

역설적이게도 그리스도 안에서 약속된 풍성한 삶은 움켜잡을 때 얻는 것이 아니라 놓아 줄 때 얻게 된다. 애쓰고 분투하는 데서 오는 것이 아니라 포기하는 데서 온다. 취하는 것이 아니라 베푸는 것에서 온다. 의탁은 그리스도인이 누리는 자유의 기본적인 동력이다. 그리고 그 자유란 하나님의 손에서 벗어나 스스로의 힘으로 살고자 하는 노력을 포기하고 하나님의 뜻과 은혜의 성령에 의탁할 때 얻게 되는 것이다.

의탁은 자발적으로 이루어지는 것이지 의지적으로 이루어지는 것이 아니다. 그것은 사랑을 바탕으로 기꺼이 신뢰하는 것이며, 평온한 가운데 내버려두는 것이다. 그것은 하나님의 사랑이라는 강 위에 떠 있는 것이다.

물 위에 뜨다

근래에 나는 몇몇 사람에게 수영을 가르치며 매우 흥미로운 경험을 했다. 필리핀에서 함께 사역했던 영적 지도자들 몇 명과 내 아내와 같이 며칠간 휴식을 취하러 바닷가에 갔다. 그들은 모두 수영 실력보다는 영성이 더 뛰어난 사람들이었다. 더 정확히 말하자면 모두가 수영을 전혀 할 줄 몰랐다. 그리고 모두 물에 대한 어느 정도의 두려움을 가지고 있었다.

하지만 그들은 수영하는 법을 놀랍도록 빨리 배웠다. 처음에는 구명 조끼를 입고 배의 가장자리를 잡았던 손을 놓고 물에 들어간 사람들이, 한 시간도 지나지 않아 모두 구명 조끼를 벗고 각자 스노클을 사용하여 수면 아래로 헤엄을 치게 된 것이다. 이것이 어떻게 가능했을까?

그 열쇠는 어떤 기술이 아니었다. 그들이 벌써 영적 원리인 의탁에 대해 잘 알고 있었고 서로를 믿는 관계에 있었기 때문에 배의 가장자리에서 손을 놓고 물 속으로 들어갈 수 있었던 것이다.

내가 구명 조끼를 벗고 물 위에 누우면 물에 뜰 것이라고 말했을 때 그들은 나를 믿었고 그대로 행동에 옮겼다. 그리고 물 속에서 머리를 들지 않고도 스노클을 통해 숨을 쉴 수 있다고 했을 때 그들은 나를 믿었다. 그들은 이미 하나님께 의탁하는 것을 배웠기 때문에 이런 새로운 환경에서 믿는 것을 배우기가 비교적 쉬웠던 것이다.

일원들 중 한 명이 기뻐하며 소리쳤다. "내가 물에 뜨기 위해 아무것도 하지 않아도 된다는 것을 아무도 가르쳐 주지 않았어요!" 그녀는 자신이 알고 있는 것보다 더 영적인 핵심을 찔렀다.

의탁이라는 단어는 다른 사람이나 사물에 모든 무게를 지탱한다는 뜻을 내포한다. 이것은 노력과 긴장과 두려움을 포기하는 것을 말한다. 이것은 믿음을 요구한다. 신뢰 없이는 자기 의존을 내려놓거나 다른 존재에 의존할 수 없다.

물에 뜨는 것은 아주 좋은 실례가 된다. 왜냐하면 포기하지 않고는 물에 뜰 수 없기 때문이다. 물에 뜬다는 것은 물에 내 모든 무게를 맡기고 물이 나를 지탱해 줄 것이라고 믿는 것이다. 이것은 물에 빠지지 않으려고 자연적으로 몸을 허우적거리기를 포기하는 것이다. 그 때에 비로소 무엇인가가 자신을 지탱하고 있다는 것을 깨달을 수 있다.

흐름에 맡기다

사도 요한이 성령을 우리 안에서 솟아나는 샘물(요 4:10-14)이라고 표현한 것은 참으로 인상적이다. 이와 같은 이미지가 하나님의 보좌와 어린양으로부터 흘러나오는 강을 묘사하는 요한계시록에도 나와 있다(계 22:1-2).

리처드 로어는 말한다. "믿음은 강의 흐름과 사랑하는 자를 믿는 능력이다.…강이 있다. 강이 흐르고 우리는 그 안에 있다. 강은 하나님의 섭리적 사랑이다."[2] 우리가 두려워하지 않아도 되는 이유는 바로 우리에게 하나님의 성령이 주어졌기 때문이다. 우리는 강 속에 있다. 우리는 빠지지 않기 위해서 허우적거릴 이유가 없다.

초기 기독교 작가들은 그리스도인의 삶이 물 속에서 물고기처럼 사는 것과 같다고 생각했다. 테르툴리아누스는 그리스도를 '하늘의 물고기'로, 그리스도인을 '익투스'(*Ichthus*, 물고기)에서 이름을 따 '작은 물고기'로 불렀다.[9] 이들에 의하면 그리스도인들은 성령의 거룩한 물 가운데 태어나고 그 안에서 산다. 그리스도인의 삶은 이 물에 의해 지탱되는 것을 배우는 삶이다.

고대 수피교에는 이런 이야기가 있다. 물고기들이 물 속에 있으면서도 그것을 깨닫지 못하고 물을 찾아서 바쁘게 돌아다닌다. 그러다 눈을 열어 그들이 어디에 있는가를 진정으로 깨달을 때 그들의 걱정은 없어진다.

그 날 수영을 배우던 영적 지도자들 가운데 한 여성은 수영을 배우는 데 문제가 있었다. 제일 큰 문제는 자신이 어디 있는지를 끊임없이 확인하기를 포기하지 못하는 것이었다. 그녀는 물 위에 떠 있다가 무엇인가에 부딪치면 어떻게 하나 하는 두려움이 있었다. 그래서 계속 물 속에서 머리를 들어 주위를 살펴보았다. 그리고 그럴 때마다 물에 빠지는 것이었다.

그것은 바로 우리의 모습이기도 하다. 우리 또한 탐색을 그치고 우리가 '완전한 사랑'의 바다에 에워싸여 있다는 것을 보아야 한다. 그리고 물 위에 뜨기 위해 허우적거리는 것도 그만두어야 한다. 역설적이게도 물에 빠지지 않기 위해 발버둥치면 오히려 더욱 깊이 빠지게 된다. 두려움을 느끼고 물 위에 떠 있기 위해 무엇인가를 해야만 한다고 생각하는 순간부터, 우리는 머리를 치켜들고 더 이상 물 속에서 안정을 취할 수 없게 된다. 물에 빠지지 않으려고 애를 쓰면, 머리가 잠시나마 물

3. 의탁과 순종

밖에 있을지 모르나 결국에는 지쳐서 익사하고 만다.

물 위로 머리를 들었던 그 여인은, 우리가 어떻게 물에 뜨게 되는지를 살펴보려고 멈출 때 얼마나 빠른 속도로 불안해지게 되는지 다시 한 번 생각하게 한다. 멈추어서 자신이 어떻게 뜨고 있나를 살펴보려고 할 때 우리는 무언가를 해서 물 위에 떠야 한다는 자동적인 충동에 지배를 받고 발버둥치게 된다. 물 위를 걷는 자신을 바라보는 순간 물에 빠진 베드로와 같이, 우리도 어떻게 물에 떠 있을 수 있는지 걱정하는 순간 바로 물에 빠지게 된다. 물에 빠지지 않으려는 모든 노력, 즉 하나님의 사랑을 얻으려는 노력은 언제나 역효과를 내게 마련이다. 우리는 그저 영의 눈을 열어서 우리가 하나님의 사랑의 강 속에 있다는 것과, 우리가 물에 뜨고 헤엄치는 것은 전적으로 하나님께 달려 있다는 것을 보아야 한다. 우리가 해야 하는 것은 오직 의탁뿐이다.

우리는 스스로 뜨고자 하는 노력을 멈출 때 뜰 수 있다. 그리고 모든 것을 맡기기 전에는 물에 뜨기 위해 아무것도 하지 않아도 된다는 것을 깨달을 수 없다. 이것이 바로 의탁이다.

의탁이란 우리가 사랑의 강 속에 있다는 것과 물에 뜨기 위해 우리가 해야 하는 것은 없다는 것을 발견하는 것이다. 의탁하지 않으면 언제나 어느 정도의 두려움에 사로잡히게 된다. 의탁하지 않으면 언제나 우리의 노력으로 물에 뜨고자 발버둥치게 된다. 의탁하지 않으면 의지적인 노력 때문에 참된 생명으로부터 단절되고 자아에 도취된 삶을 살 수밖에 없다.

그리스도인의 순종과 의탁

그리스도인의 순종은 누군가에게 의탁하는 것에 기초해야 하며 단순히 의무를 받아들이는 것이어서는 안 된다. 순종은 사랑에의 의탁이지 의무에 대한 굴복이 아니다.

사람들은 너무 자주 기독교를 의무와 금지의 제도, 규율과 도덕의 틀로 바라본다. 이것은 그리스도를 따르는 것의 의미를 완전히 잘못 이해하는 것이다. 기독교적인 순종은 군인이 상관에게 하는 것보다는 사랑하는 사람들이 서로를 대하는 것에 더 가깝다. 연인들은 서로 상대가 원하는 것을 해줌으로써 서로에 대한 사랑을 보여 준다. 하나님과 그리스도인의 관계도 그러해야 할 것이다.

의탁은 순종과 모순되지 않으며 오히려 순종의 동기를 제공한다. 사랑 안에서 하나님께 마음을 드렸다면 우리는 하나님께 순종하는 삶을 살아야 한다. 그렇지 않다면 우리의 관심이 먼저 하나님의 사랑을 아는 데 있어야지 순종에 있어서는 안 될 것이다. 그것이 확실히 정립되면 순종은 자연스레 따라오게 된다.

사랑에서 벗어난 순종은 그저 의무에 따른 행동이 된다. 하지만 사랑에 대한 반응이 될 때 의무는 헌신으로 변화한다. 하나님은 우리의 헌신을 원하시지 그저 의무적인 행동을 원하지 않으신다.

기독교 영성에서 의탁의 역할을 연구한 프란시스 드 살레(Francis de Sales)는 하나님의 뜻을 하나님의 '표명된 뜻'과 하나님의 '기뻐하시는 뜻'으로 구분하여 말했다.[4]

하나님의 '표명된 뜻'은 그분이 명령하시는 바다. 그리고 놀랍게도 그러한 명령들은 매우 적다. 우리는 하나님이 요구하신다고 생각하는 것들을 꽤 긴 목록으로 작성하곤 한다. 하지만 하나님은 모세에게 오직 열 개의 항목을 주셨다. 그리고 예수님은 이것을 하나님 사랑과 이웃 사랑이라는 두 가지 항목으로 줄이셨다(막 12:30). 이것이 하나님의 '표명된 뜻'이다. 그러나 그리스도인들은 스스로의 힘으로는 이들을 지킬 수 없음을 잘 알고 있다. 그러므로 하나님의 표명된 뜻은 우리가 하나님이 원하시는 것을 행할 수 없음을 깨닫고 하나님께 돌아가도록 해준다.

하나님의 표명된 뜻은 능동적인 순종을 요구하지만 하나님의 '기뻐하시는 뜻'은 좀더 수동적이고 잔잔한 의탁을 요구한다. 그것을 통해 하나님은 우리가 그분의 길을 따르고 우리의 방법보다 그분의 방법을 선호하기를 원하신다. 하나님은 우리가 자신을 통치하기보다 하나님의 통치를 기뻐하기 원하신다. 프란시스 드 살레에 의하면 하나님의 기뻐하시는 뜻에 의탁하는 것은 하나님의 사랑을 신뢰하는 것이다.

그리스도는 이 두 가지 의탁의 형태를 완전하게 보여 주신다. 그분은 하나님의 권위에 복종하며 하나님이 명하시는 것들을 완전하게 행하셨다. 이것은 하나님의 계시된 뜻에 대한 능동적인 의탁이었다. 하지만 그분은 이것을 뛰어넘어, 하나님의 기뻐하시는 뜻을 신뢰했다. 하나님의 사랑을 신뢰하기로 작정하고 하나님의 뜻에 확신 있게 거하셨다.

모세와 욥도 하나님께 의탁하는 삶을 잘 보여 준다. 그들은 모두 의지적으로 순종하지 않았다. 그런데 이들의 차이점을 보면 프란시스가 말한 두 가지 의탁의 형태를 찾아볼 수 있다.

모세가 불타는 떨기나무에서 하나님을 만난 이야기는 하나님의 표명된 뜻에 의탁하는 것이 어떤 것인지를 잘 설명하고 있다. 하나님은 모세에게 이집트로 돌아가서 그분의 백성을 해방시키라고 명령하셨다. 그리고 모세는 그렇게 행했다. 이것이 바로 능동적인 의탁이다. 그는 광야를 떠나 다시 이집트로 돌아가서 바로에게 그가 온 이유를 말했다. 그의 반응에는 소극적인 모습이 전혀 없었다. 그의 의탁에는 헌신과 행동이 따랐다.

다른 상황에 있던 욥은 하나님의 기뻐하시는 뜻에 대한 의탁을 보여 준다. 욥은 자신이 선택하거나 원인을 제공하지 않은 절망적인 재앙을 맞게 된다. 하나님이 그에게 요구한 것은 신뢰할 만한 하나님의 뜻에 대한 의탁이었다. 이것이 바로 하나님께 전적으로 의지하는 의탁이다.

의탁과 순종은 밀접한 관계가 있다. 하나님이 요구하시는 의탁은 마음에서 시작되며 행위로 표현된다. 그것은 하나님의 표명된 뜻을 능동적으로 받아들이는 것과 그가 허용하시는 뜻을 수동적으로 받아들이는 것 모두를 포함한다. 그리고 이 둘의 기초는 하나님의 사랑이 얼마나 신뢰할 만한 것인지를 아는 것이다.

의탁하는 것이 생각보다 어려울 때

의탁이나 순종이 어려울 때 우리는 보통 그것이 의지의 문제라고 생각한다. 그렇기 때문에 많은 그리스도인이 '모든 것을 드리려고' 계속해서 노력한다. 매번 더욱 굳은 결심과 열정으로 말이다. 하지만 이것은 진정한 순종이 명령에 대한 반응이 아니라 사랑에 먼저 의탁하고 사랑의 의무로 순종하는 것이라는 점을 보지 못하게 한다.

궁극적으로 의탁과 순종의 문제는 하나님의 사랑을 아는 것에 관한 문제다. 그러므로 그것은 마음의 문제이지 의지의 문제가 아니다.

3. 의탁과 순종

그리스도인의 의탁은 자신을 긍정하시는 하나님을 긍정하는 것이다. 이것은 자신을 향한 하나님의 열정적이고 두려움 없는 사랑을 체험하는 데서 시작된다. 이 사랑 속에 완전히 잠겨서 그 반응으로 하나님을 향한 사랑이 자신 안에서 샘솟게 하는 것이다. 하나님의 사랑에 의탁하게 하는 것은 성령의 일이다. 성령은 그분의 사랑을 우리의 것으로 만들고 그분의 성품이 우리의 성품이 되게 한다. 이것이 바로 그리스도인의 영적 변화의 핵심이다.

내가 의탁이라는 단어를 사용했을 때 심한 거부감을 보였던 앤지는 하나님이 그녀를 있는 모습 그대로 사랑하시고 그 사랑이 상상할 수 없을 만큼 흘러넘친다는 것을 확실히 깨닫고 난 후 그녀가 두려워했던 하나님께 의탁하고픈 마음이 생기게 되었다. 하나님은 그녀가 생각했던 것과는 전혀 다른 모습이었다. 그분은 부드럽고 그녀의 허물을 기억하지 않으시며, 그녀의 가장 깊은 내면의 성취에 큰 관심을 갖고 계신 분이었다. 하나님은 사랑하는 연인과 같은 모습이었지 권위자의 모습이 아니었다.

로욜라의 성 이그나티우스는 죄란 하나님이 우리의 가장 깊은 행복을 원하신다는 것을 믿지 않는 것이라고 했다. 이것을 확실히 믿기 전까지는 할 수 있는 모든 것을 통해서 자신의 삶의 통제권을 확보하려고 노력할 것이다. 왜냐하면 성취를 위해 필요한 것들을 하나님보다 자신이 더 잘 알고 있다고 생각하기 때문이다.

하나님께 의탁하는 것은 자신을 절대로 포기하지 않는 사랑을 경험하는 것에서 시작된다. 이것은 하나님이 나를 위하는 분이시기에 내 노력과 반응에 상관없이, 심지어 내가 무엇에 집중하고 있건 상관없이,

나를 둘러싸고 있는 그 완전한 사랑과 나 사이에 아무것도 끼여들 수 없다는 것을 아는 마음의 반응이다.

물에 뜨는 것이 얼마나 자연스럽고 쉬운 일인지를 생각해 보면, 내가 참으로 많은 에너지를 물 속에서 발버둥치는 데 사용하고 있음을 보고 놀라게 된다. 내 노력 때문에 물에 떠 있으며 물 속에서 헤엄치고 있다고 믿는 것은 거짓을 믿는 것이다. 현실은 그런 노력들이 나를 피곤하게 하고 같은 장소에 맴돌게 하며, 내가 지탱되고 있다는 기쁨을 발견하지 못하도록 할 뿐이다.

자기를 감싸고 지탱해 주는 물 속에서 물을 찾아 헤매는 수피교의 이야기에 나오는 물고기와 나는 얼마나 닮았는가!

내가 쉼을 갈망하는 것은 결코 놀라운 일이 아니다. 내가 자력으로 물에 떠 있고 물 속에서 헤엄치는 것이 자유를 원하는 내 마음에 일시적인 만족을 줄 수는 있을지 모른다. 그러나 결국에는 피곤해지고 내가 가야 하는 곳에 가지 못하게 된다.

그리고 나는 지친 가운데 잠시 물 속에 나 자신을 맡긴다. 쉼을 얻는다. 나의 온 무게를 성령께 맡긴다. 그럴 때 나는 물에 뜨게 될 뿐 아니라 물의 흐름과 함께 움직이게 된다. 이제껏 나는 물의 흐름이 있는지도 몰랐다. 물 속에서 허우적거리다 물의 흐름과 그것의 힘을 느끼지 못하게 된 것이다. 나는 이제 내가 무엇에 대항해서 몸부림쳤는지 알게 된다.

물의 흐름을 타지 못하는 것은 강을 밀어 주려고 하는 것과도 같다. 그러나 하나님의 영이신 그 강은 아무런 도움도 필요로 하지 않는다.

3. 의탁과 순종

더 깊은 묵상으로

어쩌면 당신 내면의 무엇인가가 이 이야기들을 듣고 한숨 짓고 있을지도 모른다. 어쩌면 당신도 떠 있으려는 노력 때문에 너무 지쳐 있는지도 모른다. 순종하고자 하는 노력이 당신을 피곤하게 만들고 의무적인 맹세와 결단이 당신을 낙담시키기 시작한다. 그러나 사랑의 의탁이라는 따뜻한 빛깔들이 지평선에 나타나기 시작하면서 당신의 갈망에 활력을 불어넣는다.

만일 그렇다면 이 책을 내려놓고 그 갈망에 귀를 기울이기 바란다. 그것은 하나님의 영이 당신의 영을 부르는 소리다. 그것은 우리 내면 속에 들려오는 하나님의 미세한 음성이며, 당신이 얼마나 사랑받는 존재인가를 말해 주고 또한 그 사랑에 의탁할 것을 요구한다. 그것은 의탁이 사랑에서 나오고 단순히 의무에서 나오는 것이 아니라는 것을 믿으라는 요구다. 그것은 우주의 연인이 그의 사랑하는 자들을 부르는 소리다.

앞의 두 장에 나온 묵상들을 다시 한 번 살펴보기 바란다. 그것들은 당신에게 인격적이고 직접적으로 그 사랑에 대해 말해 준다. 다시 한 번 그 이야기에 귀기울이고 그 사랑에 당신을 맡기라.

사랑에 의탁하는 것은 절대로 한 번에 이루어지는 일이 아니다. 의탁한 뒤에도 다시 머리를 물 밖으로 들고 자신이 어디에 있으며 어디로 가는지를 보려 한다. 그러고는 다시 물 속에서 허우적거리기 시작한다. 그러면 나는 또 다시 의탁해야 하고 내가 지탱되고 있다는 것을 믿어야 한다.

의탁하라는 요구를 계속 듣는다고 해서 죄책감을 느낄 필요는 없다.

그 때마다 당신이 그 순간에 할 수 있는 만큼만 의탁하면 된다. 죄책감은 의탁하는 것을 더 어렵게 만들고 더 허우적거리게 한다. 자신이 의탁에서 벗어나 허우적거리는 것을 발견할 때마다 마음을 안정시키고 다시 사랑의 강에 몸을 맡겨야 한다. 그러면 물을 저으려고 손과 팔을 허우적거린 시간이 낭비였음을 알게 될 것이다.

마지막으로, 위대한 영적 수영 선수라고 할 수 있는 사도 바울의 유명한 말씀을 묵상해 보라. 그리고 또한 그가 종교적 열심으로 완고하게 그리스도인들을 핍박했던 사람임을 기억하라. 그는 어떻게 자발적으로 의탁하는 것을 배웠을까? 바로 완전한 사랑을 만났던 것이다. 바울이 그의 삶에서 만난 위대한 사랑에 대해 말하는 것에 귀를 기울이라. 그리고 당신 또한 그 사랑으로 물 위에 떠오르라.

> 그런즉 이 일에 대하여 우리가 무슨 말 하리요, 만일 하나님이 우리를 위하시면 누가 우리를 대적하리요. 자기 아들을 아끼지 아니하시고 우리 모든 사람을 위하여 내어주신 이가 어찌 그 아들과 함께 모든 것을 우리에게 은사로 주지 아니하시겠느뇨. 누가 능히 하나님의 택하신 자들을 송사하리요. 의롭다 하신 이는 하나님이시니 누가 정죄하리요. 죽으실 뿐 아니라 다시 살아나신 이는 그리스도 예수시니 그는 하나님 우편에 계신 자요, 우리를 위하여 간구하시는 자시니라. 누가 우리를 그리스도의 사랑에서 끊으리요. 환난이나 곤고나 핍박이나 기근이나 적신이나 위협이나 칼이랴. 기록된 바 우리가 종일 주를 위하여 죽임을 당케 되며 도살할 양같이 여김을 받았나이다 함과 같으니라. 그러나 이 모든 일에 우리를 사랑하시는 이로 말미암

아 우리가 넉넉히 이기느니라. 내가 확신하노니 사망이나 생명이나 천사들이나 권세자들이나 현재 일이나 장래 일이나 능력이나 높음이나 깊음이나 다른 아무 피조물이라도 우리를 우리 주 그리스도 예수 안에 있는 하나님의 사랑에서 끊을 수 없으리라(롬 8:31-39).

이 사랑을 당신을 향한 사랑으로 알고 물 위에 떠오르라!

4. 사랑에 의한 변화

변화(transformation)는 단순히 중대한 단어이기 이전에 중대한 개념이다. 그것은 우리가 개인적 경험으로 아는 것보다 훨씬 넓은 범위의 변화를 말한다.

일반적으로 우리가 경험하는 개인적 변화는 과거를 돌이켜 볼 때 비로소 알게 되는 작고도 점진적인 것들이다. 내 삶을 되돌아보면서 나는 분노를 좀더 자제할 수 있게 되었고 음식을 좀더 잘 조절할 수 있게 되었다. 이런 변화가 중요한 것이기는 하지만 근본적인 변화와 비교하면 그 중요성이 크지 않다. 사실상 그것들은 근본적인 변화의 개념을 지나치게 비현실적인 것으로 만드는 경향이 있다.

하지만 조금만 더 정직해진다면 우리 모두에게 근본적인 변화가 필요하다는 것을 알게 될 것이다. 우리는 자신의 외형적 모습과 내면적 현실의 큰 거리감을 잘 알고 있다. 우리의 사랑은 보기보다 훨씬 더 자신을 위하고, 상처는 보이는 것보다 깊고, 자기 기만은 생각보다 훨씬 더 치명적이다. 하나님의 기대뿐 아니라 우리의 기대와 이상에 따라 살고자 해도 늘 실패하고 만다.

예수님은 이것을 알고 계셨다. 이것이 바로 모든 것을 버리고 예수님을 따르면서 진정한 삶을 체험하라는 그분의 부르심이 그토록 놀라운 이유다. 그것은 속 사람의 현실을 보게 하고 그리하여 우리가 얼마나 진정한 변화를 갈망하는지를 깨닫게 해준다. 자기 쇄신을 도와주는 자기 개발 전문가들의 메시지와는 달리 예수님은 죽음과 거듭남을 바탕으로 한 풍성한 삶을 우리에게 제공하신다. 그것보다 더 혁신적인 변화가 있을 수 있을까!

변화라는 단어는 심리학적으로 볼 때 지나치게 낙관적인 느낌이 든다. 심리 치료사들은 한때 치유라는 단어를 대담하게 사용한 적이 있었지만, 요즘은 좀더 겸손하게 성장을 돕는다는 말을 쓴다. 어떤 이들은 그저 다른 사람이 적응하고 대처하도록 도와주는 것이라고 생각하기도 한다.

하지만 변화라는 단어는 근본적으로 기독교의 것이다. 바울은 그리스도인의 영적 여정의 목표는 하나님이 우리를 창조한 의도대로 하나님의 형상으로 변화되는 것이라고 말한다(고후 3:18). 기독교가 말하는 변화는 절대로 겉모습만 바꾸는 것에 만족하지 않는다. 기독교는 거듭남, 즉 창세 전부터 의도된 모습으로 새롭게 만들어져 가는 것을 말한다.

하지만 바울이 누구였으며 무슨 권위를 가지고 이런 개인적인 변화를 이야기하는지 한번 생각해 보자. 우리는 그가 다른 이름을 가지고 있었을 때부터 이야기를 시작해야 할 것이다.

사울은 초대교회 시절 그리스도인들을 혹독하게 핍박한 장본인이었다. 그는 예수를 좇는 무리들을 쉴 줄 모르는 열심으로 찾아내고 죽이는 데 혈안이 되었던 사람이다. 증오와 광신적 행위로 무장하고 1세기의 팔레스틴에서 그리스도인의 자취를 없애는 것이 바로 그의 목표였다.

"위협과 살기가 등등하여"(행 9:1) 다메섹으로 가던 그는 자신의 길 앞에 무엇이 놓여 있는지 상상이나 할 수 있었을까? 이 날 그가 어떤 자기 개발 프로그램을 실천하는 중이어서 회심이 거기에 도움이 되었던 것은 아니다. 그는 이 날도 여느 때와 다름 없이 증오와 폭군적인 엄격함으로 가득 차 있었다.

"사울이 행하여 다메섹에 가까이 가더니 홀연히 하늘로서 빛이 저를 둘러 비추는지라. 땅에 엎드러져 들으매 소리 있어 가라사대 사울아 사울아 네가 어찌하여 나를 핍박하느냐 하시거늘, 대답하되 주여 뉘시오니이까 가라사대 나는 네가 핍박하는 예수라"(행 9:3-5).

이것은 사울이 죽고 바울로 태어나는 첫 장면이다. 증오심을 가진 사람으로 유명했던 사울이 이젠 그리스도와 그의 제자들을 향한 사랑으로 유명한 바울이 된 것이다. 이것은 그의 교만과 자기 집착의 종말이자, 진실된 삶의 시작이었다. 이것이 바로 회심, 즉 거듭남인 것이다.

바울이 이 변화에 대해 어떤 이야기를 들려준다면, 우리는 그 이야기를 들어야 한다. 그것은 그의 개인적 체험이기 때문이다

변화의 여정

중국의 철학자인 노자는 천 리 길도 한 걸음부터 시작된다고 했다. 그렇다면 그리스도인의 변화의 여정에서 첫걸음은 무엇일까?

그리스도인들은 이 첫걸음을 **회심**, **정화**, **회개** 등 여러 가지 단어로 설명해 왔다. 예수님도 이 첫걸음을 여러 가지 이름으로 말씀하셨다.

때로는 죄를 회개하라고 말씀하시고, 때로는 그분을 따르라고 명령하셨다. 그리고 어떤 때는 단순히 자신의 치유의 손길에 모든 것을 맡기라고 말씀하시기도 하셨다. 이 모든 것들은 같은 반응을 유도하는 것 같다. 바로 옛 자아의 나라에 대해 죽고 완전한 사랑에 의탁함으로써 새로운 삶으로 깨어나는 것이다.

그리스도인은 영적 변화를 위해 첫걸음을 내디딜 때 살아 계신 하나님과 만나야 한다. 이 만남은 점진적일 수도 있고 갑작스러울 수도 있다. 하지만 이것에는 언제나 돌아서고 깨어나는 행위가 수반된다.

회개는 돌아서는 것이다. 하지만 회개는 단순히 어떤 것**으로부터**(from), 즉 죄나 옛 삶의 방식 등으로부터 돌아서는 것만을 말하지 않는다. 그리스도인의 회개는 예수님**께로**(to) 돌아서는 것을 말한다.

부활의 아침에 예수님의 무덤에서 막달라 마리아가 겪은 체험은, 돌아서는 것이 어떤 것인지를 놀라운 이미지로 보여 준다(요 20:11-18). 그 장면을 마음속으로 그려 보라.

마리아는 무덤 밖에 서서 깊은 슬픔에 잠겨 있다. 하지만 더 큰 문제는 그녀가 지금 매우 혼란스러우며 두려움에 사로잡혀 있다는 것이다. 드라마와도 같았던 지난 며칠 간의 일들이 머릿속을 스쳐 지나간다. 그녀의 삶을 다시 찾아 주신 예수님이 죽으셨다는 사실을 상기할 때 그녀는 말할 수 없는 아픔을 느낀다. 예수님의 죽음과 함께 자신의 삶도 끝난 것처럼 느껴진다.

지금 그녀는 그 무덤에서 예수님의 시신이 사라진 것을 발견했고 그 사실이 그녀의 아픔을 더한다. 그녀는 애통해한다. 그것 외에는 할 수 있는 일이 없다.

4. 사랑에 의한 변화

갑자기 동산지기로 보이는 사람이 마리아 곁에 섰다. 그리고 그녀의 이름을 부른다. 바로 그 순간 마리아는 그 목소리를 알아차린다. 그것은 그녀에게 당신의 사랑을 확신시켜 주었던 목소리, 바로 그녀가 사랑하는 예수님의 목소리였던 것이다.

바로 그 순간 마리아는 절망에서 희망으로 돌아서고, 고통은 기쁨으로 변하며, 그녀의 몸과 영혼은 다시금 생명으로 활력을 얻게 된다.

마리아의 돌아섬의 본질은 회개였다. 예수님께 돌아서서 그분의 사랑의 선물을 받아들이는 회개였다. 또한 마리아는 영적인 깨달음을 보여 준다. 먼저 그녀는 예수님을 향해 돌아섰고 그 뒤에 예수님을 인식하게 된다. 그 인식은 그녀의 생명을 회복시켜 주었지만, 그러기 위해 먼저 예수님을 향해 돌아서야 했다. 그녀가 예수님을 알아보았을 때 그녀의 눈은 갑자기 열리게 된다. 그것은 단순히 인식하는 육체의 눈이 아니라 깨닫는 영적인 눈이었던 것이다. 그리고 그녀는 순식간에 자신이 얼마나 사랑받는 존재인지를 기억하게 된다. 그리고 자신이 혼자가 아니라는 것을 알게 된다. 다시는 그 누구도 주님을 빼앗아 갈 수 없다. 그녀는 이제 다시는 혼자가 되지 않을 것이다. 왜냐하면 자신의 영혼의 주님과 영원히 재결합했기 때문이다.

예수님께 돌아서는 것이야말로 회개의 핵심이다. 이것만이 죄에서 돌이키는 진정한 가능성을 제공하기 때문이다. 예수님께 돌아서는 것은 또한 이 회개가 지속적인 과정임을 분명히 보여 준다. 이것은 삶의 모습이어야 한다.

예수님이 우리를 부르시는 것은 그분의 임재를 깨달으라는 부르심이다. 그리고 그분을 향해 돌아서고 그분의 사랑에 의탁하라는 것이다.

이것이 바로 내 매일의 삶 가운데 들려오는 예수님의 부르심이다. 그에 대한 내 응답은 한 번에 끝날 수 없다. 사막의 안토니(Anthony of the Desert)는 말했다. "나는 매일 아침 스스로에게 말한다. 오늘이 바로 시작이라고."[1]

회심은 하나님의 형상으로 변해 가는 평생 지속되는 변화의 과정이다. 이것은 그저 죄를 짓지 않으려고 애쓰는 것이 아니다. 회개와 회심의 초점은 죄와 나 자신이 아니라 예수님이다.

나를 죄악된 삶의 방식에 얽어매는 끈은 너무나 강력해서 내 의지력으로는 해결할 수 없다. 오직 하나님의 사랑에 자신을 의탁할 때만 가능한 것이다. 하나님의 사랑은 내 마음과 의지를 모두 변화시킨다. 하나님의 사랑은 나의 뜻 대신 하나님의 뜻을 선택하도록 만든다. 이것 없이 회개는 그저 노력과 결심에 바탕한 자기 개발의 도구에 불과하다.

그리스도인의 회심은 인간 역사상 가장 급진적인 변화의 과정이다. 단순히 인생의 겉모양을 바꾸는 것을 넘어 존재 전체를 새롭게 만드는 것이다. 그러한 변화의 범위는 치료 심리학의 그 어떤 결과도 무색하게 만든다.

이러한 하나님의 사랑과 대면하는 것이 그토록 큰 변화를 가져다 준다면 왜 우리는 그 만남을 통해 별다른 변화를 체험하지 못하는 것일까? 우리는 심지어 하나님의 사랑을 체험할 때도 잘 변화되지 않는 것처럼 보인다. 진정한 변화로 이끄시는 하나님의 사랑을 대면하기 위해서는 그 이유를 이해하는 것이 중요하다.

4. 사랑에 의한 변화

벌거벗은 자아

사랑이 어떻게 치유를 가져오는지에 대해 지난 30년 간 연구해 오면서 배운 가장 중요한 사실은, 사랑을 오직 연약함 가운데 받아들일 때만 변화가 일어난다는 것이다.

내가 하나님의 도움으로 아들을 조건 없이 사랑한다고 가정해 보자. 만약 내 아들이 끊임없이 나를 만족시키려고만 한다면 내 사랑의 무조건적인 특성은 드러나지 않을 것이다. 그리고 그는 무조건적으로 깊은 사랑을 받고 있다는 것도 체험하지 못하게 될 것이다. 노력해서 받는 사랑은 더욱 사랑스러운 존재가 되려는 노력을 강화할 뿐이다. 그리고 그렇게 받는 사랑은 모두 자신의 노력에 대한 대가라고 생각하게 될 것이다.

진정한 변화는 연약함을 필요로 한다. 무조건적으로 사랑받고 있다는 사실 자체가 인생을 변화시키는 것이 아니다. 삶을 변화시키는 것은 무조건적인 사랑을 **허용하는** 모험이다.

역설적이게도, 자기 자신을 있는 그대로 받아들이지 않고는 아무도 변화할 수 없다. 자기를 기만하고 연약함을 감추면 그 어떠한 의미 있는 변화도 일으키지 못한다. 자신을 있는 그대로 받아들일 때 나는 자신의 연약함과 벌거벗은 모습을 당신에게 보일 수 있다. 비로소 그 때, 진정 특별하게 당신의 사랑을 받을 기회를 얻게 된다.

이것은 하나님의 사랑이나 타인의 사랑에 똑같이 적용된다. 심리분석학자 조지 벤슨(George Benson)은 이것을 무방비 상태에서 받아들이는 사랑이라고 한다. 그는 사랑을 얻으려는 노력 없이 하나님의 사랑과 이웃의 사랑을 받아들이는 것이 심리적·영적 성장의 핵심이라고 말한다. 벤슨은 변화를 일으키는 하나님의 사랑에 열린 마음을 가지는 것에 대해 다음과 같이 권고한다. "하나님의 임재에 대한 내면의 갈망 없이는, 그리고 하나님의 사랑 외에 그 어떠한 방법으로도 채워질 수 없는 마음속의 빈 공간에 대한 허탈감 없이는, 이 일에 뛰어든다는 것은 어리석은 짓이다. 당신이 만일 삶의 문제를 스스로 해결할 수 있다고 믿는다면, 또는 행복한 삶이 눈앞에 놓여 있다고 믿는다면 기독교 신앙이 말하는 변화는 잊어버리는 것이 좋을 것이다."[2]

자신을 있는 모습 그대로 받아들이고, 벌거벗고 연약한 자아 안에서 사랑을 받아들이는 것은 진정한 변화를 위한 필수 조건이다. 하지만 이것이 얼마나 어려운 것인지를 간과해서는 안 될 것이다. 내 안의 모든 것들은 하나님과 다른 사람 앞에서 최고로 '가장된 자아'를 보여 주기 원한다. 이것은 내가 만들어 내는 거짓된 자아다. 이 자아는 연약함 안에서 사랑을 받아들이려고 하지 않기 때문에 절대로 변화될 수 없다. 이러한 가장된 자아가 사랑을 받게 되면 그 자아는 더욱 강해지고 나는 거짓된 삶의 방식에 더욱 묶이게 된다.

대중적 심리학이나 영성, 심지어는 대중적인 기독교 영성조차도 우리 가운데 깊이 뿌리내린 자기 개발에 대한 환상에 편승하여 이러한 거짓된 자아를 강화시킨다. 이들은 모두 사랑을 받기보다는 스스로의 노력으로 자신의 행동을 바로잡으려는 본능적인 성향에 편승한다.

예수님의 삶과 메시지는 이런 자기 개발 노력과는 정반대 입장에 있다. 예수님은 우리에게 자기 개발 방법을 권장하려고 오신 것이 아니다. 예수님은 우리가 무방비 상태에서 그분의 사랑을 받아들이기보다 하나님을 속이고 조작해서 하나님께 우리의 거짓되고 요새화된 자아를

4. 사랑에 의한 변화

강요하고 싶어한다는 것을 알고 계신다. 예수님이 단순히 우리의 자기 개발을 위해 오셨다면 우리가 진정한 사랑을 얼마나 필요로 하는지 모르고 지내게 될 것이다.

우리 자아는 진실한 사랑을 원하면서도 그 사랑을 얻기 위해 할 수 있는 것이 아무것도 없음을 스스로 알고 있다. 그토록 벌거벗고 빈곤한 자아를 대면한다는 것은 얼마나 두려운 일인가? 문제의 핵심은 하나님의 사랑을 무조건적으로 받아들이지 않기 때문에 하나님의 사랑을 느낄 수 없다는 것이다. 내가 사랑받고 있다는 것을 알기 원한다면 무능력과 연약함이 나의 진정한 상태임을 받아들여야 한다. 그리고 이것은 언제나 두려운 일이다.

믿는 것을 넘어서

하지만 현실적으로 어떻게 연약한 자아의 가장 깊은 곳에서 우리를 만나 주시는 하나님의 사랑을 알 수 있을까? 어떻게 하나님의 사랑이 진정 무조건적이라는 것을 알 수 있을까?

대부분의 그리스도인들이 만족하는 하나님의 사랑에 대한 이해는 객관적인 이해이지 주관적인 체험을 통한 이해가 아니다. 우리는 우리가 믿음의 다른 조항들을 믿는 것처럼 하나님의 사랑을 믿는다. 그런 믿음은 성경에 바탕을 둔 것이기에 신뢰할 만한 것이며 실제로 그렇다. 그러나 우리는 그것을 믿는 것으로 충분하다고 생각하는데, 그것은 명백히 틀린 것이다.

제랄드 메이(Gerald May)는 변화를 위해 꼭 필요한 사랑의 이해를 '묵상적 앎'이라고 말한다. 이것은 또한 체험적 앎이라고도 할 수 있다.

이것은 믿음을 넘어서 체험에 이르게 하는 앎이다. 이 앎은 이성과 믿음 모두를 통해서 검증이 가능하지만 그 어느 것의 결과물은 아니다. 메이는 말한다. "이것은 개인의 마음에서 자라나고 삶의 실체를 이끈다. 이런 종류의 앎은 믿음의 도약으로 얻게 되는 것이 아니다. 묵상적 앎은 총체적인 도약이 필요하다. 믿는 것을 넘어서는 도약 말이다."[3]

이것이야말로 두려움을 내어쫓는 사랑에 대한 유일한 앎이다. 이것은 우리에게 필요한 급진적인 변화를 가져올 수 있는 사랑에 대한 유일한 앎이다. 단순한 믿음은 이런 일을 할 수 있을 만큼 강하지 않다. 믿음에 의지하면 내가 믿는 것들에 기대게 된다. 그리고 거기에는 언제나 뒷문을 열고 두려움이 다시 밀려들지 모른다는 의심이 도사리고 있다.

우리가 필요로 하는 것은 믿음보다 더 깊은 앎이다. 이것은 우리의 경험에 근거해야 한다. 사랑을 아는 것만이 두려움을 내어쫓을 수 있는 충분한 힘을 가지고 있다. 사랑을 아는 것만이 의심을 이겨낼 수 있는 충분한 힘을 가지고 있다.

이런 앎을 메이가 '묵상적'이라고 하는 이유는 그것이 묵상적인 상태에서 하나님을 만나는 것에서 비롯되기 때문이다. 그러한 앎은 오직 예수님의 발 아래 앉아서 그분의 얼굴을 바라보며 확신을 주시는 말씀을 들을 때 생겨나는 것이다. 그런 앎은 그저 믿으려고 노력하는 것이 아니라 하나님의 사랑으로 휩싸일 때 생긴다. 그런 앎은 확신으로 가득 찬 하나님의 말씀에 푹 빠지게 될 때 생기는 것이지, 단순히 성경을 읽고 암송하고 믿는다고 해서 생기는 것이 아니다. 그것은 하나님이 나를 어떻게 보시는지 알기 위해 하나님과 시간을 보낼 때, 그리고 그분이 나를 보호하심을 보고 나를 향한 강한 사랑 고백을 들을 때 생긴다.

이런 종류의 얇은 믿음을 넘어서기 때문에 의심에 대해 더 큰 면역을 가지게 된다. 자아의 가장 깊은 곳에서 엄마의 사랑을 늘 받는 어린이가 아무런 노력을 하지 않아도 사랑받고 있음을 아는 것처럼, 우리 또한 하나님의 사랑을 믿음에 근거한 것보다 더 깊고 견고하게 알게 된다. 묵상적인 혹은 체험적인 사랑은 믿음의 도움을 받을 수 있지만 절대로 믿음으로 축소될 수는 없다. 그것은 하나님의 사랑과 직접적이고 인격적인 대면의 체험에 근거를 둔다. 그래서 바울이 말했듯이 우리의 목표는 모든 지식을 뛰어넘는 그리스도의 사랑을 알고 하나님의 풍성하심으로 채워지는 것이다(엡 3:16-19).

무방비 상태로 껴안다

아만다와 그녀의 어머니는 연약한 가운데 받는 사랑의 변화의 능력을 잘 보여 준다.

심각하게 자살을 기도한 아만다를 만났을 때 그녀는 열다섯 살이었다. 그것은 몇 달 사이에 있었던 세 번째 자살 기도였는데 계속 그 정도가 심각해지고 있었다. 첫 번째 자살 기도는 남자 친구가 목을 매달아 자살을 한 후였다. 그녀는 그의 시신을 찾았고, 죽음으로써 그와 함께 하겠다는 맹세를 했던 것이다.

처음 아만다를 대기실에서 만났을 때 그녀는 머리부터 발끝까지 검은 옷을 입고 있었고 눈 주위에는 큰 검정색 원이 그려져 있었다. 얼굴과 귀는 쇠조각과 귀걸이로 장식되어 있었고 목에는 개목걸이와 꼬리표를 달고 있었다. 개목걸이는 굵은 공업용 쇠사슬로 허리띠에 연결되어 있었고 검은색 트렌치 코트의 견장에는 쇠사슬이 매달려 늘어져 있었다. 그것은 충격적 이미지로 반항적인 젊은이들의 마음을 끄는 록 연주자의 의상이었다.

나를 소개했을 때 그녀는 나를 본체만체했다. 그래도 그녀는 일어나서 내 사무실로 나를 따라 들어왔다. 나는 그녀 옆에 앉았던 다른 여인도 그녀와 똑같이 행동하는 것이 의아했다. 그녀는 내 사무실에서 자신을 아만다의 어머니라고 소개했다. 어머니와 함께 상담을 진행해도 될지 물어보았더니 아만다는 그녀가 자신의 가장 친한 친구이고 이 상담을 받으러 온 것도 그녀의 제안 때문이라고 말했다.

호기심이 생기는 일이었다. 아만다 또래의 청소년들이 보통 어머니와 가장 친한 사이가 되는 것은 드문 일이기 때문이다. 하지만 그들의 애정은 분명 깊어 보였다. 나는 아만다의 삶의 방식에 대한 어머니의 불만을 느낄 수 있었기에, 아만다에게 어머니와 가까워지는 끈이 무엇인지를 물어 보았다. 아만다는 "내가 기억하기에 나는 지금껏 매일 밤마다 엄마의 품 안에서 잠들었어요" 하고 말했다.

아만다와 어머니의 관계는 정말 대단한 것이다. 그리고 그 관계는 '암흑의 시기'라고 부르는 청소년기에 자신의 길을 건강한 방법으로 찾는 데 매우 큰 공헌을 했다. 아만다는 자신이 있는 모습 그대로 깊이 사랑받고 있다는 것을 알고 있었다. 그녀의 어머니는 아만다가 마약을 복용하고 난잡한 성 관계를 갖는 것, 상스러운 언어를 사용하는 것, 사탄 숭배 의식을 행하는 것 등 거의 모든 행동에 불만을 갖고 있었다. 하지만 그녀는 부모들 가운데 거의 보기 드문 지혜를 가지고, 그녀의 딸이 정말 필요로 하는 것은 훈계가 아니라 사랑이라는 것을 알고 있었다. 다행히도 그녀는 이것을 아만다의 삶에서 지속적으로 관대하게 보여 주고 있었다. 더욱 놀라운 것은 아만다를 향한 불만이 결코 그 사랑을 보여 주는 데 걸림돌이 되지 않았다는 것이다.

아만다의 어머니는 진정한 변화를 가져오는 사랑을 보여 주었다. 이러한 사랑이 변화를 가능하게 하는 것은, 그 사랑을 거부할 수는 있지만 일단 그 사랑을 받게 되면 굉장히 심오한 영적·심리적 영향을 받지 않을 수 없기 때문이다.

하나님의 사랑을 만나다

영적 변화의 핵심은 아만다가 그녀의 어머니를 만난 것처럼, 연약함 가운데 하나님을 만나는 데 있다. 우리의 자연적 성향은 제일 보기 좋은 모습으로 하나님을 만나려고 한다. 하지만 하나님은 우리가 하나님을 만날 때 자신의 모든 것을 가지고 나오기 원하신다. 그분은 우리가 그분을 충분히 신뢰하여, 수치와 연약함과 죄 가운데서 완전한 사랑을 만나기 원하신다.

트레버 허드슨(Trevor Hudson)은 회심에 대해 "매일 자신을 조금씩 더 하나님께 가지고 나와 자신을 드러내는 지속적인 진행 상태"[4]라고 설명한다. 하지만 슬프게도 대부분의 사람들이 내면 세계의 많은 부분을 하나님의 변화시키는 사랑과 우정에서 제외시키고 있다. 이런 제외된 부분을 계속해서 지니고 있으면 우리의 회심을 제한하게 된다. 이것은 마치 건강 검진을 받으러 의사에게 가서는 제일 건강한 부분만을 보이며 문제가 있다는 것을 부인하는 것과도 같다. 그리스도께서 말씀하셨듯이 건강한 사람에게는 의원이 필요 없다. 그분은 병든 자와 죄인을 구하러 오신 것이다(마 9:12).

예수님의 결혼 잔치에 대한 비유는 연약함 가운데 하나님을 만나는 과정을 잘 보여 준다. 누가복음 14:15-24에서 예수님은 하나님의 나라를 큰 잔치에 비유하신다. 많은 사람들이 초대되었지만 모두들 여러 가지 핑계를 대며 잔치에 참여하지 않는다. 그래서 결국 주인은 종들을 시내 거리와 골목으로 내보내어 가난한 자들과 몸이 불편한 자들과 맹인들과 저는 자들을 데려오라고 한다. 그는 잔치에서 이런 자들을 위해 특별한 자리를 마련한다.

허드슨은 이 비유를 해석하는 한 방법으로서, 이것을 속 사람이 변화하는 과정으로 해석한다. 그리스도께서 우리 자아의 깊은 곳에서 잔치를 베푸신다고 생각해 보라. 그분이 원하시는 것은 우리의 속 사람을 살펴서 우리 내면의 가난한 부분, 불편한 부분, 보지 못하는 부분, 저는 부분을 그의 사랑의 잔치로 데려가는 것이다. 그분은 사랑과 환영의 팔을 벌려 그 부분들을 온전한 자아로 통합시키고, 삶을 지속적으로 변화시키신다.

그러므로 우리가 그 잔치에 우리의 가장 영적인 부분만을 내어놓고 정말로 치유와 변화가 필요한 다른 부분들은 깊숙이 감춰 놓는다면 얼마나 부끄러운 일인가? "우리의 어두운 부분들이 잔치에 참여하지 못하게 막는 것은 지속적인 회심을 방해하고 삶을 위험하게 이분화하며 우리가 막은 것에 대해 더욱 연약하게 만든다."[5]

변화는 우리의 영적인 주인이 베푸는 사랑의 잔치에 자신의 모든 부분을 가져올 때 비로소 일어난다. 두려워하며, 분노하며, 상처 입은 자아의 부분들은 하나님의 사랑에 노출되기 전에는 절대로 치유받을 수 없다. 이러한 이유 때문에 우리는 하나님의 사랑을 강하고 온전한 모습이 아닌, 연약하고 깨어진 모습으로 만나야 하는 것이다. 그 때 비로소 우리의 망가지고 약한 부분들이 변화시키는 사랑에 노출될 수 있다.

변화를 위해서는 죄와 수치와 연약함 속에서 하나님을 만나야지 자기 개발 프로그램으로 돌아가서는 안 된다. 그리고 수치가 사라질 때까지 그 사랑의 임재 안에 거해야 한다. 사랑이 우리를 변화시키도록 하기 위해서는 연약함 속에서 그 사랑을 만나야 할 뿐 아니라 그 사랑이 우리의 상처난 곳에 스며들 수 있도록 멈추어 있어야 한다.

모든 사랑은 하나님의 사랑이다

완전한 사랑일수록 그 사랑은 우리에게 두려움을 대면하도록 강요한다. 이런 이유 때문에 우리는 종종 좀더 안전한 곳에서 사랑을 만나기를 원한다. 이것이 하나님의 사랑과 인간적인 사랑에 대한 갈망을 쉽게 혼동하게 해서, 인간에게 무조건적인 사랑을 바라게 되기도 한다. 거의 모든 사람들이 삶의 여정에서 그런 경험을 했으리라…. 어떤 사람들은 이 막다른 골목에서 빠져나오지 못하기도 한다.

낭만적인 사랑은 특별히 그 열정적인 순간들을 지날 때 하나님의 사랑과 혼동하기 쉽다. 낭만적인 사랑 안에서 일어나는 연합에 대한 욕구는 우리가 하나님과의 관계에서 갈망하는 하나님에 대한 궁극적인 의탁과 사람에 대한 이차적인 순종을 구별하기 어렵게 만든다. 하지만 열정이 식으면 매우 크게 실망하게 된다. 하나님만이 충족시켜 주실 수 있는 소망을 인간에게 가질 때는 언제나 그럴 가능성이 있다.

하지만 꼭 연인들만이 착각하여 사람에게 완전한 사랑을 요구하는 것은 아니다. 친구들도 그럴 수 있다. 마찬가지로 결과는 언제나 실망일 뿐이다. 이와 비슷하게 부모들은 자녀들에게 완전한 사랑을 베풀려고 하고 자녀들은 부모에게 그러려고 하지만 그것은 불가능하다. 그것은 오직 하나님 안에서만 충족될 수 있다.

완전한 사랑에 의탁하려는 인간의 깊은 갈망은 하나님 한 분 외에는 그 어느 누구에 의해서도 충족될 수 없다. 인간의 사랑이 아무리 고상하다 해도 어느 정도는 자신의 이익을 바라는 마음으로 얼룩져 있게 마련이다. 자아 도취적 상처는 특히 감지되지 않은 상태라면 무조건적인 사랑의 자기 희생적인 본질을 제한하게 된다.

사람들이 완전한 사랑을 베풀 수는 없지만 인간적인 사랑에도 항상 그것의 근원이 되는 것이 포함되어 있기 때문에 하나님의 사랑만이 가져다 줄 수 있는 치유와 성장의 잠재성이 내포되어 있다. 아만다의 어머니가 이것을 확실하게 보여 주고 있다. 사랑은 언제나 하나님의 임재를 알리는 불꽃을 일으킨다. 사랑이 있는 곳에 하나님이 계신다. 하나님은 사랑이시며 사랑은 하나님께 속한 것이기 때문이다(요일 4:7-8). 자선과 사랑이 있는 곳에 하나님이 계신다(Ubi caritas et amor, Deus ibi est).

이것이 바로 진실된 사랑이 신뢰와 관계의 깊은 영역으로 우리를 부르는 이유다. 사람과 애완동물 사이의 사랑에도 건전한 잠재력이 있게 마련이다. 그러나 그것은 애완동물 자체 때문이 아니라 하나님의 사랑의 우주적인 임재로부터 오는 것이다. 그러한 사랑은 창조주의 속성을 반영하고, 하나님의 형상을 반영하는 인간 안에 현존한다.

인간적인 사랑은 결코 하나님의 사랑을 향한 갈망을 채워 줄 수 없지만 변화를 돕고 하나님의 사랑에 대해 가르쳐 줄 수 있다. 인간적인

4. 사랑에 의한 변화

사랑은 하나님의 사랑을 전달한다. 하나님 외에는 사랑의 근원이 없다. 그러므로 인간적인 사랑을 경험한다는 것은 하나님의 사랑을 간접적으로 경험하는 것이다. 그뿐 아니라 그것은 하나님의 사랑을 믿을 수 있을 만한 것이 되게 하고 그 사랑을 받아들일 수 있도록 우리를 준비시킨다. 가족이나 친구간의 비교적 견고한 사랑은 하나님의 절대적으로 신실하신 사랑을 조금이나마 감지해 볼 수 있게 한다. 사람들에게 받는 무조건적인 사랑의 암시들은 절대적으로 무조건적인 하나님의 사랑을 상상해 볼 수 있게 한다.

인간적인 사랑은 또한 하나님의 사랑을 믿을 수 있게 만든다. 비교적 신뢰할 수 있는 사람에 대한 제한적인 순종은 완전한 사랑에 철저히 의탁할 수 있도록 우리를 준비시켜 준다. 하지만 불행히도 이 반대 또한 성립한다. 조건적이고 불완전한 인간적인 사랑은 하나님의 무조건적이고 완전한 사랑을 믿을 수 없게 하고 기대할 수 없게 만든다.

오직 완전한 사랑만이 두려움을 쫓아낼 수 있다. 하나님만이 완전한 사랑이시기 때문에 사랑이 무엇인지를 알기 위해서는 그 근원으로 돌아가지 않으면 안 된다. 하나님은 모든 복제판들의 제한성을 보여 주는 원본이시다. 하나님의 사랑만이 우리가 그토록 갈망하는 완전한 변화를 일으킬 수 있다. 그리고 우리가 다음 장에서 보게 되듯이 하나님의 사랑만이 우리를 하나님이 계획하신 위대한 사랑의 사람으로 만들 수 있다.

앤지는 나의 사랑을 신뢰하는 것을 배우게 되면서 하나님의 사랑을 신뢰하기 시작했다. 그녀는 삶의 경험을 통해 무슨 수를 써서라도 연약함을 피해야 한다고 배웠다. 약한 것을 경멸하였으며 부드러운 것이나 취약한 것은 모두 약한 것으로 생각하였다. 그녀는 힘을 존중했지만 또한 두려워했다. 그녀는 하나님을 약한 자리에 두지 않고 강한 자리에 두었다.

처음에 그녀는 나를 강한 사람으로 생각하고 두렵게 대했다. 하지만 결국에는 내가 한계와 불완전함을 지니고 있다는 것을 알게 되었다. 간단히 말하자면 나 또한 인간이라는 것을 발견한 것이다. 나는 그녀만큼 똑똑하지 못했다. 나는 그녀가 나에게 말해 준 것들을 가끔은 잊어버리기도 했다. 그리고 가끔은 상담 중에 피곤해하기도 하였다. 그녀는 이런 나의 모습을 발견하고 분노와 배신감으로 나를 맹렬히 비난하곤 했다. 하지만 무엇인가가 그녀를 계속 돌아오게 만들었다. 얼마의 시간이 지난 뒤 그녀는 자신이 계속 돌아오는 것은 바로 나의 안정감과 일관된 모습 때문이라고 말하였다. 그녀는 서서히 나의 한계들을 받아들이기 시작했다. 그리고 내가 그녀를 받아들이고 있다는 사실을 받아들이게 되었다. 그녀는 서서히 하나님께 마음을 열기 시작했다.

그녀가 발견한 것은 하나님이 지금까지 그녀가 상상하고 있었던 하나님과는 너무나도 다른 하나님이시라는 것이다. 가장 놀라운 것은 하나님의 연약함이었다. 이것이 바로 그녀가 하나님의 사랑을 받아들이도록 준비시켜 주었다. 그녀는 힘의 하나님을 생각하고 있었지만 복음서의 그리스도에게서 발견한 것은 약한 하나님이었다. 연약한 하나님의 사랑이 그녀에게는 가장 큰 변화를 가져다 준 계기가 된 것이다. 하나님이 위험을 무릅쓰고 연약함 가운데 인간의 삶 속으로 들어오셨다면, 그녀 또한 연약함 가운데 하나님을 만날 수 있는 모험을 감행할 수 있을 것이다. 그녀는 결국 무방비 상태에서 완전한 사랑을 받아들이게 되었다.

오직 하나님의 사랑만이 앤지가 체험했던 변화를 일으킬 수 있다. 나와의 관계는 하나님의 사랑을 간접적으로 느끼게 하고 진짜를 만나는 준비를 하게 했던 것이다. 나는 그녀에게 그녀가 내 안에서 무엇인가 신뢰할 만하고 안전한 것을 발견했다면 그것은 바로 내 안에 계신 예수님이라고 말해 주었다. 얼어붙어 두려움에 떨고 있던 그녀의 영혼을 천천히 녹이기 시작한 것은 바로 하나님의 사랑이었다. 그 완전한 사랑이 그녀의 사랑할 수 있는 능력을 서서히 깨운 것이다.

더 깊은 묵상으로

사랑이 당신의 삶에 어떤 중요한 영향을 미치는지 잠시 생각해 보라. 다음 지침이 당신을 도와줄 것이다.

- 먼저 사랑이 없는 세상을 생각해 보라. 사람이 하나님의 형상으로 만들어지지 않았고 하나님이 이 세상에 오지 않으셨거나 하나님이 자신을 드러내지 않는 세상을 상상해 보라. 사랑이 없는 이 세상에서 느낄 수 있는 삶의 절망을 상상해 보라.
- 그것을 당신이 살고 있는 세상과 대조해 보라. 성령의 도움으로 당신의 삶 전체를 통해서 당신을 사랑해 주었던 사람들, 당신을 위해서 기도해 주었던 사람들을 생각해 보라. 그 사람들이 당신에게 완전한 사랑에 대해 무엇을 가르쳐 주었는지 생각해 보라.

- 당신이 어떻게 하나님의 사랑을 직접적이고 인격적으로 체험했는지 생각해 보라. 당신이 이 사랑에 젖어드는 장면을 생각해 보라. 그리고 당신 안에서 무엇이 변하는지 느껴 보라.
- 마지막으로 당신이 아직까지도 하나님의 사랑으로부터 숨고 있는 방법을 생각해 보라. 어떻게 하면 예수님과 포옹하는 시간을 좀더 많이 가지고 예수님이 당신의 부끄러운 부분과 깨어진 부분들을 치유하시도록 자신을 내어드릴지 생각해 보라. 또한 하나님이 당신 안에서 베풀기 원하시는 잔치에 아직도 들여보내길 꺼리는 부끄러운 부분과 깨어진 부분들을 직면할 수 있도록 하나님의 도움을 구하라. 그리고 완전한 사랑에 의탁하는 변화의 여정 가운데 하나님이 인도하고자 하시는 다음 단계를 보여 달라고 기도하라.

5. 사랑이 되다

'**탕**자의 귀환'이라는 렘브란트의 명화를 묵상한 헨리 나우웬(Henri Nouwen)은, 그분이 우리를 아버지의 사랑으로 초청하는 이유는 아버지와 같이 되게 하기 위해서라고 말한다.[1] 그 그림이나 그것에 영감을 준 비유를 생각할 때 우리는 보통 작은아들이나 큰아들과 우리 자신을 동일시한다. 우리는 대부분 큰아들의 자기 의나 작은아들의 자만심과 반항심에서 우리 자신을 보게 된다. 그런데 한편으로 우리가 자신을 아버지와 같이 생각할 수 있을까?

하나님의 사랑의 핵심은 우리를 그분의 사랑의 모습으로 재형성하시는 것이다. 영적 여정의 목적은 그저 아버지의 사랑의 품 안에 받아들여지는 것이 아니라 아버지를 닮아가는 데 있다. 예수님은 제자들에게 "너희 아버지의 자비하심같이 너희도 자비하라"(눅 6:36)고 말씀하시며 우리에게 이것을 상기시켜 주신다. 하나님은 하나님의 생명을 우리의 생명으로, 그분의 마음을 우리의 마음으로, 그분의 사랑을 우리의 사랑으로 만들기 원하신다. 하나님은 우리가 사랑에 의해 하나님의 모습을 닮아가길 원하신다.

나우웬은 "하나님을 닮아가는 것은 그저 예수님의 중요한 가르침 가운데 하나가 아니라 그분의 메시지의 핵심"[2)]이라고 말한다. 하나님이 원하시는 것은 그분의 자녀들이 아버지를 닮는 것이다. 하나님은 우리가 사랑하는 자들로 알려지기를 원하신다. 왜냐하면 하나님의 존재 방식이 바로 사랑이기 때문이다.

사랑은 기독교 영성의 시금석이다. 우리가 진정 회심했다면, 우리는 더욱더 사랑해 가는 과정 속에 있는 것이다. 우리가 더욱 사랑하고 있지 않다면 무언가 심각하게 잘못된 것이다.

그런데 우리는 어떻게 더 많이 사랑할 수 있는가? 그리고 우리가 영적 여정 가운데 있지만 아버지의 마음을 닮아 가고 있지 않다면 무엇이 잘못된 것일까? 어떻게 하면 자기 중심성에서 벗어날 수 있을까? 어떻게 하면 시기와 비판, 경쟁에서 벗어나 긍휼히 여기는 마음으로 나아갈 수 있을까? 어떻게 하면 이웃을 진정으로 사랑하는 것을 배우고, 가장 힘든 시기에 나의 삶 속에 들어오는 나그네를 진정으로 사랑하는 것을 배울 수 있을까?

사랑과 십자가

사랑하는 것에 실패할 때마다 내가 보이는 첫 번째 반응은 더욱 열심히 노력하는 것이다. 나는 내 안에 사랑이 부족하다는 것을 안다. 나는 내 영적 변화에서 가장 중요한 조건이 바로 사랑이었음을 다시금 기억한다. 나는 후회하고 실망한다. 더욱 사랑할 수 있도록 기도하고 도움을 청한다. 더욱 열심히 노력해 보지만 변하는 것은 없다.

변하지 않는 이유는 아직도 초점이 나의 실패, 나의 후회, 나의 낙심,

나의 열심 등 나에게 맞춰져 있기 때문이다. 사랑하기 위해서는 모든 자아 집착과 마음대로 하고 싶은 욕구를 버려야 한다. 사랑은 단순히 훈련과 맹세에서 생기는 결과가 아니라 마음으로부터 흘러나와야 하는 것이다. 평상시 내 안에 얼마만큼의 사랑이 있는가와 상관없이 사랑은 항상 부족하다. 내게 필요한 것은 하나님의 사랑이 내 것이 되는 것이다.

기독교의 회심은 그저 사랑을 만나는 것이 아니다. 사랑에 대한 새로운 개념이나 가치를 개발시켜 나가는 것도 아니다. 그리고 사랑받는 존재가 되도록 노력하는 것도 아니다. 기독교의 회심은 사랑이 되는 것이다. 하지만 기독교의 영적 여정에서 일어나는 모든 변화와 마찬가지로 사랑이 되는 것에는 죽음이 따른다.

기독교에서 십자가가 중심이 됨에도 불구하고 그리스도인들은 언제나 삶 가운데 십자가의 중요성을 가급적 축소하려고 한다. 우리는 성공과 상향의 영성을 원하지 실패와 하향의 영성을 원하지 않는다. 우리는 개선의 영성을 원하지 변화의 영성을 원하지 않는다. 하지만 십자가의 길은 하향의 길이고 박탈의 길이며 죽음의 길이다. 이것이 복음의 미련한 점이다.

예수님은 진정으로 자아를 성취하는 삶은 바로 의탁하는 삶이라고 가르치신다. 캐롤린 그래튼(Carolyn Gratton)은 "수평선(개인의 인간적인 삶)과 수직선(예수님과 복음을 위한 삶)이 마주칠 때 십자가가 만들어진다"[3]고 했다. 기독교의 사랑은 오직 십자가의 여정에서만 생겨난다. 기독교의 영적 여정에는 십자가를 통과하지 않는 지름길은 없다.

십자가는 우리가 생명을 잃어버릴 위험을 감수함으로써 진정한 생명을 찾게 해준다(막 8:35). 그리스도께서는 사랑이 다른 사람을 위하여 자기의 생명을 버리는 것이라고 가르치신다. 바로 이것이 그분이 하나님을 사랑하신 방법이었다. 자신의 뜻을 버리고 아버지의 뜻을 택한 것은 자신의 생명 대신 아버지의 생명을 택한 것이다. 그것은 개인의 성취가 자신의 행복을 추구하는 데서 오는 것이 아니라 하나님의 뜻을 추구하는 데서 온다는 것을 믿는 것이다. 예수님은 이것을 믿었고 또한 그 믿음대로 사셨다. 우리는 이를 통해 우리 생명을 하나님과 이웃을 위해 내놓을 때 비로소 자기 성취가 일어난다는 그분의 신비로우면서도 어려운 가르침을 신뢰할 용기를 얻는다.

오직 사랑만이 이웃을 위해 자신의 삶을 버릴 수 있게 한다. 사랑은 이웃을 받아들이는 것뿐만 아니라 자신을 부인하는 것도 포함한다. 사랑하는 삶은 자아의 나라에 대해 죽는 삶이다.

그리스도인의 영적 변화의 중심이라고 할 수 있는 마음의 변화는 십자가에서 시작된다. 그것은 그저 인간의 죄 문제를 법적으로 해결하는 것이 아니라 하나님의 사랑을 십자가에서 만나는 데 있다. 또한 그것은 위로를 주는 영적 진리인 그 사랑으로 마음이 따뜻해지는 데 그치는 것이 아니라 그 사랑 앞에 자신을 의탁하는 데 있다. 그러므로 마음이 변화되기 위해서는 진정으로 하나님의 사랑을 체험해야 한다. 사랑 안에서 하나님의 마음을 만나야만 하나님의 사랑의 마음을 가지도록 소망할 수 있을 것이다.

내가 걸어온 영적 여정에서 가장 실망스러운 것은 사랑을 베푸는 사람이 되려고 혼자 노력했던 것이다. 그러나 십자가를 통해 나를 향한 하나님의 크신 사랑으로 돌아오는 것을 배우게 되었을 때 나의 굳은 마음이 서서히 녹기 시작했다. 이제 내 마음은 끈기 있는 노력으로는 전혀 기대하지 못했던 크고 부드러운 하나님의 마음으로 천천히 바뀌어 가고 있다.

하나님의 마음을 닮아가려면 그 마음을 알아야 할 것이다. 수십 년간의 노력보다 하나님의 사랑에 대한 묵상을 통해 내 사랑은 더 커졌다. 하나님의 사랑을 깊게 체험하고 그 안에 잠겨 그 사랑이 내 안에 스며들게 하자, 내가 포기했던 변화가 다시금 일어났다. 실패 속에서도 하나님의 사랑으로 돌아오고, 나 자신을 하나님의 품에 맡기며 있는 모습 그대로 나를 사랑하시는 하나님의 사랑을 보여 달라고 요청했을 때 바로 거기서부터 이웃을 향한 새로운 차원의 사랑을 체험하게 되었다.

하지만 나는 다시금 십자가를 통해 사랑으로 나아와야 한다. 성공과 자기 개발이 아니라 죄와 실패를 통해 사랑으로 나아와야 한다. 더 사랑하는 존재가 되려는 노력을 포기할 때 비로소 하나님의 사랑이 진정 나를 만질 수 있다. 나의 실패 속에서 하나님의 사랑으로 나아올 때 비로소 하나님의 사랑이 나를 변화시킬 수 있다.

나에게서 우리로 움직이는 사랑

사랑으로의 변화는 초점이 나 자신에게 맞추어진 자리에서 더 큰 우리를 깨닫는 자리로 이동하는 것이다. 이 이동에 근거하여 프릿츠 쿤켈(Fritz Kunkel)은 '우리의 심리학'(psychology of the we)을 개발했다. 그는 이것이 모든 진실한 영적 성장의 핵심이 된다고 말한다.[4]

자기 중심성에 속박된 삶은 진정으로 자신을 의탁하는 사랑과 자아 초월의 사랑을 대적한다. '나'를 삶의 기준점으로 삼으면 근본적인 존재적 소외감과 타인으로부터의 소외감뿐 아니라, 역설적으로 가장 깊은 자아로부터도 소외감을 느끼게 된다. 가장 깊고 진실된 자아는 고립된 자아가 아니고 '우리'라는 공동체 안에서만 의미와 성취를 찾기 때문이다.

사랑 안에서 성장한다는 것은 고립된 자아의 견고한 울타리를 넘어 공동체를 형성하는 관계 속의 자아로 나아가는 것을 의미한다. 회심은 우리로 하여금 하나님뿐만 아니라 항상 타인들을 향하도록 한다. 밀알 하나가 땅에 떨어져 죽을 때 많은 수확이 있듯이(요 12:24) 사랑이 되어 가는 사람은 고립된 자아의 부서진 껍질을 뒤로 남기고 인간 공동체의 새로운 삶의 가능성을 끌어안는다.

사랑은 우리를 삶과 재결합시켜 준다. 그리스도의 삶이 보여 준 진리는 삶이 사랑이며 사랑은 또한 삶이라는 것이다. 사랑을 떠나서는 진정한 삶이 없다. 자기 이익의 추구는 삶을 숨막히게 만들고 자기 이익 추구가 삶의 중심에 있을 때 삶은 파괴된다. 이것이 바로 자아의 나라가 죽음 위에 서 있다고 말하는 이유다. 자신을 보살피는 삶은 결국 아무도 보살피지 않는 삶이다. 나 자신을 위하는 진정한 방법은 타인을 사랑하는 데 헌신하는 것이다. 거기서 나는 진실하고 깊은 성취감을 맛보게 된다.

사랑이 우리를 삶과 결합시키는 이유는, 진정한 사랑이 임재하는 곳에 항상 하나님이 임재하시기 때문이다. 요한은 첫 번째 편지에서 이렇게 말한다. "사랑하는 자마다 하나님께로 나서 하나님을 알고"(요일 4:7), "사랑 안에 거하는 자는 하나님 안에 거하고 하나님도 그 안에 거하시느니라"(요일 4:16), "아들이 있는 자에게는 생명이 있고 하나님의 아들이 없는 자에게는 생명이 없느니라"(요일 5:12).

사랑이 우리를 삶과 결합시켜 준다면 더 이상 통제하는 삶을 살지 않게 된다. 이제는 더 이상 내가 사랑할 사람과 사랑하지 않을 사람을 선택할 수 없다. 이제는 더 이상 다른 사람을 속박하는 것들에 대해 외면할 수 없다. 하나님의 마음이 진실로 나의 마음이 되었다면 그들의 속박은 나의 속박이 되기 때문이다. 한 사람이 고통을 받는다면 모든 사람이 고통을 받는 것이다(고전 12:26). 타인의 고난을 늘 의식적으로 체험하지 못할 수도 있고 자율적인 존재임을 가장한 거짓된 삶을 살아가는 데 어느 정도 성공할 수도 있을 것이다. 하지만 다른 사람들과 하나가 되는 공동체에 결속되지 않는다면, 내 정체성은 허구일 뿐이다.

그러므로 사랑에 의한 변화는 우리가 일반적으로 생각하듯이 개인적인 문제가 아니다. 사랑이 나를 고립에서 공동체로 이끌어 갈 때 당신의 삶이 나의 삶에 영향을 주게 된다. 당신의 아픔과 고난과 불안이 나에게 영향을 주게 된다. 간단하게 말해 당신은 나의 일부분이다. 내가 당신과 모든 이웃과 결속된다는 것이 내가 체험하는 자아의 영역을 확장하는 것이다.

넬슨 만델라(Nelson Mandela)는 그의 자서전「자유를 향한 머나먼 여정」에서 젊었을 때부터 자신의 자유와 남아프리카공화국 국민의 자유가 뗄 수 없는 관계라는 것을 이해하게 되었다고 말한다. 그는 다른 사람들이 자유를 누리지 못한다면, 교육받은 자의 특권으로 자신에게 주어졌던 제한된 자유를 누릴 수 없다고 생각했다. "자유는 분할할 수 없다. 우리 가운데 어느 한 사람을 매는 사슬은 우리 모두를 매는 사슬이다. 우리 모든 국민을 매는 사슬은 나를 매는 사슬이다."[5]

만델라는 사랑의 본질에 대한 심오한 기독교적 진리를 포착한 것이다. 하나님의 마음에서 나오는 사랑은 모든 하나님의 자녀들을 연결시킨다. 그리고 그 사랑은 하나님의 피조물인 이 세상과도 연결시켜 준다. 하나님의 사랑의 마음은 고립된 자아 도취로부터 삶과의 결합으로 나를 움직이신다. 사랑은 사회 정의에 대해, 지구의 생태 문제에 대해 무관심할 수 없다. 모든 인간은 기독교에서 말하는 하나님의 형상을 따라 지음받았고 인간의 마음은 하나님의 마음을 더욱 닮아 가기 때문에 사랑은 어느 누구에 대해서도 무관심할 수 없다.

알프레드 아들러(Alfred Adler)는 심리적 건강의 가장 중요한 기준은 '사회적 관심'이라고 한다. 사회적 관심은 모든 사람과 결속되어 있다는 느낌을 말한다. 사랑은 결코 내 관심이 내가 속한 종교적·인종적·민족적 집단에만 국한되지 않도록 한다. 오히려 모든 인간과 동일성을 느끼도록 하며 모든 하나님의 자녀와 연결되도록 한다. 여기에 미치지 못하는 것은 진정한 사랑이라고 부를 수 없다. 왜냐하면 하나님의 마음에서 흘러나오는 사랑이 바로 이러한 사랑이기 때문이다.

처음 하나님의 사랑에 마음 문을 열기 시작한 앤지는 여전히 다른 사람들과 고립된 삶을 살고 있었고 나를 제외한 모든 사람에게 소외감을 느끼고 있었다. 숱한 배반과 학대를 경험한 그녀는 남성들을 믿지 못했고, 동성연애자인 까닭에 남자를 사랑하는 다른 일반 여성들을 이해할 수 없었다. 그녀는 또한 정치적인 견해 차이 때문에 다른 동성연애자들에게 거부당하고 있다고 생각했다. 그녀는 그리스도인들도 신뢰하지 않았다. 왜냐하면 그리스도인들이 과거의 근본주의자들로 느껴졌기 때문이다. 자신의 그러한 반응들이 비합리적이라는 것을 알고 있었지만 그럼에도 불구하고 그녀는 소외되어 있었고 혼자였다.

그러나 하나님과의 관계와 나와의 관계를 통해 서서히 변화가 일어나기 시작했다. 점차적으로 그녀는 다른 인간들과 다시 연결되고자 하는 갈망을 느끼기 시작했다. 하나님과 나를 철저히 오해하고 있었음을 발견한 그녀는 다른 사람들 또한 그녀가 추측하던 바와 다를 수도 있다는 가능성에 관심을 기울였고, 다른 사람들과 관계를 맺기 위해 천천히 손을 내밀기 시작하였다. 첫 대상은 그녀가 감정적으로 안전하다고 느낀 한 남성 동성연애자였다. 그러나 다음은 그녀처럼 긴 소외의 기간을 가진 뒤 교회와의 관계를 회복하고자 하는 영적인 탐구자들이 모인 소그룹이었다. 이 구성원들이 서로를 신뢰하게 되고 안전감과 소속감을 느낄 수 있는 교회를 함께 찾게 되면서 그 그룹은 그녀에게 생명줄이 되어 주었다.

나는 앤지가 놀라운 꿈 이야기를 들려 준 날을 기억한다. 꿈 속에서 그녀는 이 세상에 존재하는 유일한 사람이었다. 처음에는 그 사실이 무척 좋았다. 누군가와 무엇을 나눌 필요도 없었고 그 누구에게 방해받지 않아도 되었기 때문이다. 그녀는 안전함을 느꼈고 만족감을 느꼈다. 하지만 그녀는 자신이 외롭다는 것을 알게 되었다. 처음에는 이런 감정을 무시하려고 노력하다가 결국에는 다른 사람을 찾으러 나섰다. 하지만 자신이 이 세상에 존재하는 유일한 사람임을 깨닫게 되었을 때 그녀는 깊은 슬픔을 느꼈다. 전에는 한 번도 느껴보지 못했던 감정에 사로잡히게 되었는데 그것은 바로 어딘가에 소속되고자 하는 갈망이었다.

그런 뒤 그녀는 한 무리의 사람들을 찾아냈다. 그녀는 혼자가 아니었던 것이다. 그녀는 기쁨에 넘쳐 잠에서 깨어났다.

하나님의 사랑은 단순히 앤지를 과거의 고통에서 구원하고 하나님을 안전한 존재로 느끼게 한 것뿐만이 아니었다. 하나님의 사랑은 그녀의 인간성을 일깨우고 그녀 자신이 사랑이 될 수 있도록 도와주었다.

인간성의 완성

사랑은 우리를 인간 되게 하는 모든 것의 완성이다. 다른 사람을 깊이 보살펴 주고 그들의 이익을 우리의 이익보다 우선 순위에 둘 수 있는 것이 바로 심리적·영적 성장의 극치다. 모든 심리학적이고 영적인 문제들은 이런 저런 모습을 통해 사랑의 장애를 드러낸다. 그리고 진실한 온전함을 향한 움직임은 사랑으로의 성장을 드러낸다.

사랑은 우리 삶이 기본적인 창조 계획과 일치하게 한다. 그리스도인은 하나님의 사랑이 우주의 가장 기본적인 요소라고 생각한다. 태초부터, 존재하는 모든 것의 근원과 창조의 방법은 사랑이었다. 창조는 하나님으로부터 난 것이기 때문이다.

제임스 올투이스(James Olthuis)는 사랑의 보편적인 역동성을 다음과 같이 설명한다.

산다는 것은 사랑이 우리 안에서 넘치고 고동치며, 우리 삶의 박자와 맥박과 리듬으로 우리를 자신과 이웃과 지구상의 모든 피조물 그리고 사랑의 알파와 오메가이신 하나님과 연결시켜 주는 것이다. 사랑한다는 것은 사는 것을 의미하며, 그것은 다른 존재를 억누르거나 흡수하거나 혼합하지 않고 기쁨과 돌봄과 긍휼의 마음으로 그들과의 관계를 추구하고 양육하며 유지하는 것이다.[6]

5. 사랑이 되다

하나님이 사랑이시고 인간이 하나님의 형상으로 지음받았기 때문에 우리는 사랑이다. 사랑은 우리가 행하는 그 무엇이 아니다. 더 근본적으로 사랑이란 우리의 존재에 관한 것이다.

> 사랑은 우리가 인간일 수 있는 조건이다. 사랑의 부름에 응답하고 그러한 삶과 깊은 관계를 맺는 것이 곧 인간이 되는 것이다. 사랑은 우리의 많은 소명들 중의 하나가 아니다. 특별한 성취도 아니며, 신분을 상승시키는 영웅적인 행동도 아니다. 사랑은 부가적인 요소가 아니며 성자들의 영적 삶을 보충해 주는 것도 아니다. 사랑하는 것은 현실을 이어 주는 조직, 생명을 공급하는 산소와도 같은 인간됨의 본질이다.[7]

인간됨의 핵심은 사랑을 배우는 것에 있다. 우리는 사랑의 학교에 있을 때 다소간 인간적인 면을 갖추게 된다. 탕자의 경우가 그러했듯이 우리가 진실한 사랑을 배우는 장소는 바로 우리를 창조하신 하나님의 품을 찾아 집으로 돌아오는 길 가운데 있다.

사랑을 배운다는 것은 첫사랑의 실재로 돌아오는 여정이다. 우리가 거절이라는 것을 체험하기 전부터 있었고 거절을 체험한 뒤에도 결코 사라지지 않는 그러한 사랑 말이다. 사랑을 배운다는 것은 우리가 사랑받는 자라는 진리를 깨닫는 것이다. 사랑을 배운다는 것은 차고 넘치는 사랑을 자유롭게 받는 것이다. 그제서야 우리는 이 사랑을 통해서 우리의 인간성이 완성되고 부르심을 성취할 수 있음을 배우게 된다.

사랑을 배우는 것보다 더 중요한 것은 없다. 왜냐하면 사랑은 영원하기 때문이다. 사랑을 배우는 것은 하나님과의 일치를 준비하는 것이다. 이것이 바로 우리가 창조된 목적이고 우리의 운명이다. 그러므로 사랑을 배우는 것이야말로 인간의 심리적·영적 여정의 중요한 과업이다.

사랑과 세 단계의 회심

앨런 존스(Alan Jones)는, 사랑을 배우는 것을 영혼을 만드는 과정이라고 부른다.[8] 전통적인 기독교의 영적 형성의 세 단계 즉 정화(purgation), 조명(illumination), 연합(union)의 모범을 바탕으로, 그는 진실되고 온전한 영혼의 인간이 되기 위해 세 단계의 변화가 필요하다고 말한다. 우리는 이것을 회심의 세 단계라고 할 수 있다.

첫 번째 단계는 정화로서, 깨달음, 만남, 소망의 시작, 예수님을 따르기 위해 모든 것을 버리는 것을 의미한다. 이것은 마치 사랑에 빠지는 것과 같다.

이것은 처음 예수님을 만난 직후 제자들의 삶을 통해 볼 수 있다. 예수님이야말로 그들이 바라고 소망하고 기도해 왔던 바로 그분이셨다. 모든 것을 버리고 그분을 따르는 것은 쉬운 일이었다. 망설일 것이 없었다. 그것은 기쁨과 열정과 첫사랑의 설렘으로 넘치는 마음의 표현이었다.

하지만 온전한 사랑이 되기 위해서는 두 번째 단계로 나아가지 않으면 안 된다. 변화의 여정 가운데 예수님을 따르다 보면 모든 것이 무너지는 것 같은 그런 순간을 불가피하게 경험하게 된다. 예수님의 수난 기간 중에 제자들이 그러했듯 우리의 모든 삶이 떨어져 나가는 것 같은 순간이 오는 것이다.

이 두 번째 단계는 첫 번째 단계와는 다르게 전혀 따뜻하고 즐겁지 않다. 이것은 위기로 느껴지며 눈물과 고뇌와 절망으로 나타난다. 이 단계의 중심에서는 성 베르나르(St. Bernard)가 말한, 나 자신을 위한 하나님 사랑에서 하나님을 위한 하나님 사랑으로의 변화가 일어난다.[9] 이것은 성숙한 사랑으로 들어가기 위해 꼭 필요한 아주 어렵고도 고통스러운 회심의 과정이다. 우리는 조명이라는 방법을 통해 그러한 사랑으로 이끌리는데, 조명이란 "우리의 생각과 마음의 모든 것을 통해서 하나님을 사랑한다는 것이 무엇인가를 알게 되는 것"[10]을 말한다. 내가 바라는 하나님을 보는 것이 아니라 하나님의 있는 모습 그대로를 보는 것을 말한다. 그렇기 때문에 이것은 언제나 현실과의 가혹한 대면을 요구한다.

베드로가 예수님을 부인한 것과 그 후에 느꼈던 깊은 후회가 이 두 번째 단계의 회심을 잘 보여 주고 있다. 예수님의 눈을 바라보고 여전히 그가 예수님께 깊은 사랑을 받고 있음을 깨달았을 때 그러한 조명이 일어난 것이다. 하나님에 대한 시각뿐 아니라 자신에 대한 시각도 완전히 새로워졌고 그와 동시에 하나님과 이웃을 향한 그의 사랑이 성숙하게 되었다. 이제 그는 자신이 죄와 실패 가운데서도 확실히 사랑받고 있다는 것을 알게 되었다.

자신의 죄를 깊이 깨닫는 가운데 하나님의 사랑의 포옹을 받게 되면 나 자신에 대한 집착에서 벗어나 더욱 진실한 사랑으로 나아가게 된다. 이 단계에서 느끼는 하나님을 향한 사랑은 처음 느꼈던, 기쁨 넘치는 열정적 사랑과는 다르다. 자신의 죄를 바라보며 겸손케 되는 이 만남은 하나님의 은혜를 더욱 감사하며 받아들이게 한다. 그리고 은혜와의 진실된 만남은 이웃 사랑을 더욱 깊게 하는 결과를 낳는다.

하지만 회심은 아직 끝난 것이 아니다. 사랑으로 가는 변화의 세 번째 단계 또한 위기에서 시작된다. 이 위기는 죄의 심각성에 대한 깨달음보다는 하나님께 버림받은 것 같은 느낌에서 시작된다.

세 번째 단계는, 십자가 아래까지 예수님을 좇았고 부활을 경험한 제자들이 예수님의 승천 후 홀로 남겨져 당황하는 모습을 통해 나타난다. 예수님은 이제 완전히 사라지신 것 같다. 그러나 다행히도 이야기는 거기서 끝나지 않는다. 승천이 세 번째 단계의 위기라면 오순절은 이 단계의 완성이다. 거기에서 제자들은 자신들이 홀로 있지 않다는 것을 깨닫게 된다. 그들은 자신들 가운데 거하시는 예수님의 영에 의해 예수님과 영원히 연합한다는 것을 발견했다. 이 연합에서 그들의 사랑은 온전해진다. 이제는 성령의 생명이 그들의 생명이고 하나님의 사랑이 그들의 사랑이 된 것이다.

대부분의 단계 이론은, 마치 이러한 단계들이 기계적이고 직선적으로 진행된다고 암시하는 위험성을 내포하고 있다. 그러나 삶은 분명히 그런 식으로 이루어지지 않는다. 각 단계에 대한 설명은 마치 그 단계에서 어떤 일들을 해야 하고 어떤 일들이 이루어져야 하는지를 암시하는 것 같다. 그런 것들은 자아를 위한 것이기는 하지만 진정한 변화를 가져오는 것은 아니다. 사랑 안에서의 성장은 업적이 아니고 선물을 받았다는 증표다.

각 단계를 문자 그대로 해석하는 것은 무리겠지만, 그럼에도 불구하고 그것은 우리가 사랑 안에서 성장하는 과정을 이해하는 데 큰 도움을 줄 수 있다. 그리고 우리가 그 단계들을 실천 목록으로 바꾸고 싶은 유혹을 이겨낼 때, 그것들은 모든 진실한 변화의 근원이신 하나님께 초점을 맞출 수 있도록 도와줄 것이다.

회심은 평생에 걸쳐 이루어지는 형성과 해체와 재형성의 과정이다. 그것은 태어나고, 다시 태어나고, 또 다시 태어나는 끊임없는 여정이다. 이것은 끝없이 이어지는 나쁜 소식이 아니라 끝없이 이어지는 영원한 삶을 보여 주는 기쁜 소식이다.[11]

사랑을 배우는 것은 삶을 배우는 것이다. 그리고 온전한 사람이 되는 것이며 바로 우리의 존재 이유다. 사랑하는 그 자체에서 우리는 깊은 성취감을 느끼게 된다. 사랑을 찾는 것이 하나님을 찾는 것이기 때문이다. 그리고 하나님을 찾으면 사랑을 찾은 것이다.

사랑으로 변화된 인생들

이 장을 쓰면서 여러 사람이 내 머릿속에 떠올랐다. 그들은 낙천적인 성격으로 사랑을 쉽게 찾은 사람들이었다기보다 사랑을 통해 사랑으로 변화를 받은 사람들이다.

나는 마일라를 생각한다. 그녀는 내가 만난 사람 중 가장 비극적이고 끔찍한 어린 시절의 기억을 가진 소녀였다. 그녀는 부모로부터 오랜 기간 끔찍한 학대를 받았고 정부에 의해 보호소로 옮겨졌으나 거기서도 육체적으로 그리고 성적으로 학대를 받았다. 그녀의 몸에 난 상처는 오랜 기간의 성형 수술이 필요했다. 그리고 말할 것도 없이 영혼에 새겨진 상처는 더욱 심각했다.

나와 함께 8년 동안 집중적으로 받은 심리 치료를 생각하며 나는 그녀 안의 변화가 무엇보다 나의 상담 사역 때문이었다고 생각하고 싶은 유혹을 받기도 한다. 이 관계가 그녀의 성장을 돕는 데 결정적으로 중요한 힘이 되었던 것을 부인할 수는 없다. 하지만 나는 심리 치료만으로 그녀가 학대의 상처를 극복하고, 친밀하고 지속적인 방법으로 사랑을 알고 사랑을 주게 되었다고 생각하지는 않는다.

그녀가 변화하는 데 결정적인 역할을 한 것은 그녀를 입양하고 양육해 준 기독교 가정이었다. 마일라는 자신이 학대를 받아야 마땅하다고 생각했고 가족들도 자신을 그렇게 취급하고 거부하도록 유도했다. 그러나 그 가정은 놀랍게도 그녀의 그러한 노력을 무시했고 오히려 자신들이 하나님과의 관계를 통해 알고 있는 하나님의 은혜를 부드럽게 전해 주었으며 서서히 그 은혜의 근원에 대해서도 알려 주었다. 그러자 점차 그녀의 마음속에는 믿음과 신뢰가 생기기 시작했다. 그리고 더욱 천천히 치유를 위한 긴 여정의 길을 걷기 시작했고 결국에는 사랑을 받는 것뿐 아니라 사랑을 주는 능력도 얻게 되었다.

이제 젊은 여인이 된 마일라는 독립된 생활을 하면서 유치원에서 아이들을 돌보는 보모로 일하며 한 공동체의 일원이 되었다. 똑똑하고 표현력이 좋은 그녀는, 얼마 전에 내게 사랑이란 받아들이지 않을 수 없는 모험이라고 말했다. 사랑을 받는 것과 주는 것 모두 그녀의 변화에 중요한 도구가 된 것이다.

내가 이 비범한 젊은 여성의 삶에 한 부분이 되었다는 것은 정말 감사한 일이다. 함께한 시간들을 통해 그녀는 변화를 가져오는 사랑의 특성에 대해 많은 것을 가르쳐 주었다.

내 절친한 친구 한 명이 떠오른다. 그는 수년 간 은밀하게 성 중독에 빠져 있었으며 사회에서 존경받는 공적인 삶과 감춰진 개인적 삶의 괴

리감에 빠져 있었는데, 어느 날 갑자기 어떤 범죄에 연루되면서 사생활이 온 세상에 알려지게 되고 결국 수년 간 감옥살이를 하게 되었다.

마일라의 경우와 마찬가지로 그의 변화에도 여러 요소들이 작용했는데 무엇보다 가장 중요한 것은 아내의 변함없는 사랑이었다. 그의 배신에 큰 상처를 입었음에도 불구하고 그녀는 결국 그를 용서하고 그를 향한 사랑을 새롭게 할 수 있었다. 그리고 그녀는 부드럽고 끈질기게 은혜의 모습을 보여 주었다. 바로 그 은혜로 인해 그는 지금껏 내가 만나 본 사람들 중 가장 철저한 그리스도인이 되었다. 그의 변화의 증거는 사랑이다. 그에게서 흘러나오는 사랑은 그가 만나고 중보기도로 돕는 많은 사람을 감동시키고 있다.

진정한 변화는 가능하다. 우리는 자신의 성격이나 과거의 희생자가 될 필요가 없다. 복음은 변화시키는 사랑이 모든 사람에게 열려 있으며 그러한 변화의 과정은 모든 사람에게 동일하다고 선포한다. 다만 우리 여정의 세부적인 내용이 다를 뿐이다.

더 깊은 묵상으로

사랑으로 변화되고 사랑 안에 거하는 문제에 대해 묵상하도록 돕는 가장 좋은 이야기는 바로 우리 자신의 이야기다. 시간을 내어 하나님의 사랑의 마음과 성품으로 나아가기 위한 자신의 변화 여정을 생각해 보자.

아래의 질문에 답할 때 철저히 솔직해지라. 흉내만 내는 것은 아무 도움이 되지 않는다. 자신의 사랑의 마음을 당신의 마음으로 만드시길 원하는 하나님 한 분만을 마음속에 받아들이라.

- 당신을 향한 하나님의 사랑이 당신의 삶과 관계 속에서 어떤 변화를 가져오는가? 타인을 향한 당신의 사랑은 커지고 있는가? 그렇지 않다면 당신은 정말로 하나님의 사랑을 알고 있는 것인가, 아니면 하나님의 사랑에 관해 알고 있는 것인가?

- 하나님의 사랑으로 인해, 자신이 속한 부류의 사람들만을 보살피는 편안함을 떠나 모든 사람을 깊이 돌보는 삶으로 변화되고 있는가? 하나님의 마음이 당신의 마음이 될 때 온 세상을 향한 하나님의 사랑이(요 3:16, 딤전 2:4) 당신의 사랑이 될 것을 기대하라.

- 하나님에 대한 당신의 사랑을 어떻게 묘사하겠는가? 그것은 성장하고 있는가? 그리고 헌신이 순종의 더 큰 동기가 되어 가고 있는가? 혹은 그 사랑이 제한되어 있고 존재하지 않는 것은 아닌가? 후자라면 당신 영혼의 어떤 부분이 성령에 반응하여 하나님과의 진정한 사랑의 관계를 갈망하고 있는가? 그런 갈망에 응답하기 위해 당신은 어떤 일을 시작할 수 있겠는가?

후기: 영적 여정

가끔은 오해를 받기도 하지만 기독교 영성은 우리가 믿는 교리의 나열이 아니다. 또한 금지와 의무 조항의 목록도, 더 나아가 영적인 자기 개발 프로그램도 아니다. 기독교 영성은 하나님과의 연합을 향한 여정이다. 그러므로 무엇보다 그것은 관계다.

하나님과의 관계

그리스도인들은 하나님과 인격적인 관계를 체험할 수 있다고 거창하게 주장한다. 사람이 하나님을 알 뿐 아니라 인격적인 관계를 맺을 수 있다니 정말 대단한 생각이 아닐 수 없다. 하지만 이것이 첫 회심의 순간에 생겨나는 것이라고 말하는 것은 그 관계를 매우 시시한 것으로 만드는 것이다. 순간적으로 생기는 친밀함은 거짓된 것이다. 이것은 사람과의 관계에서도 그렇고 하나님과의 관계에서도 마찬가지다.

진정으로 친밀한 관계는 오랜 시간과 공유된 경험을 필요로 한다. 단순히 그 사람에 대해서 아는 것이 아니라 그 사람을 알기 위해서는 시간을 같이 보내야 한다. 그리고 그에게 말하는 것뿐만 아니라 그 사람에게 귀기울이는 것도 필요하다. 또한 말이나 행동에 방해받지 않고 단순히 함께 있는 시간이 필요하다.

이와 같은 특성이 하나님과의 관계에서도 똑같이 적용된다. 하나님의 성품에 대해서 공부하는 것이 반드시 하나님과의 우정을 싹트게 하는 것은 아니다. 하나님에 대한 생각을 타인과 나누는 것이 하나님과의 친밀함을 가져오는 것도 아니다. 만약 당신이 영성의 여정을 걷기로 선택한다면 단순히 하나님과 시간을 보내는 것 외에 다른 방법은 없다.

불행히도 우리는 단순히 예수님과 함께하기보다는 하나님을 위해 일하는 데 시간을 바친다. 우리도 마르다처럼 하나님이 우리에게 원하시는 것이란 이 세상에서 하나님 나라의 일을 하는 것이라고 생각한다. 하지만 마르다가 예수님을 섬기기 위해 예수님 주위에서 바쁘게 움직이는 동안, 여동생 마리아는 예수님의 발 밑에 앉아서 예수님의 얼굴을 바라보고 있었다. 그리고 예수님은 마리아가 더 좋은 것을 선택했다고 말씀하신다(눅 10:38-42). 마리아는 하나님을 위해서 일하는 것 대신 하나님의 일을 하는 것을 배웠다. 예수님이 원하셨던 것은 그녀와의 우정이었다. 섬김은 당연히 우정에서 비롯되는 것이지만 섬김이 우정을 대신할 수는 없다. 이것은 우리에게도 마찬가지다.

영성은 순례의 여정이다

여정이라는 은유가 삶의 체험을 묘사하는 데 사용되면서 기독교 영성을 여정으로 묘사하는 것이 요즘 들어 매우 유행하고 있다. 그러나 그러한 이미지가 새로운 것은 아니다. 이것을 기독교 영성에 적용하는 것은 성경에 근거한 것이다.

예수님도 자신을 하나님께로 가는 '길'이라고 묘사하셨다(요 14:6). 이것은 그리스도인을 지칭하는 데 사용된 가장 오래 된 표현이기도 하다. 그리스도인들은 '그 길을 따르는 사람'이라고 불렸다(행 9:2). 순례 여정의 이미지는 제자들을 향해 단순히 자신을 따르라고 부르시는 예수님의 모습에서도 나타난다(예를 들어, 마 4:19).

예수님과 함께 순례 여정의 길을 가는 이미지는 기독교 영성의 관계적 특성을 나타낸다. 그리스도인들은 단순히 어떤 곳으로 가라고 명령을 받은 것도, 어떤 것을 하라고 명령을 받은 것도 아니다. 예수님을 따라오라고, 즉 함께 순례 여정의 길을 가자고 요청을 받은 것이다.

내 안에 임재하시는 성령을 통해 나는 예수님과 함께 순례의 길을 걷고 예수님은 나와 함께 가신다. 얼마나 놀라운 일인가! 이는 내가 예수님을 알고 사랑하고 따르면서, 2,000년 전에 사셨던 예수님의 삶을 산다는 뜻이다. 나의 고난은 신비스러운 방법으로 예수님의 고난이 되며(롬 8:17), 나의 거룩함 역시 예수님의 거룩함이 된다(히 12:10). 동일하게 놀라운 것은 내가 예수님을 따르는 자로 살면 예수님이 나의 삶을 사신다는 것이다. 그분은 내 순례 여정에 동행하시고 세상 끝나는 날까지 언제나 나와 함께하신다고 약속하신다(마 28:20).

우리가 예수님과 함께하는 순례 여정은 물론 공간을 통한 여정이 아니고 시간을 통한 여정이다. 이것은 어떤 공간적인 목적지로의 여정이 아니라 성장과 변화의 여정이다. 그것은 예수님의 "장성한 분량에까지" 자라게 하는 여정이며(엡 4:13) 하나님과의 점진적인 연합을 향한 여정이다.

연합이라는 목표

하나님과의 연합이라는 말이 어떤 그리스도인에게는 생소한 것으로 들릴 것이다. 왜냐하면 그리스도인의 여정의 목적지는 보통 그리스도를 닮기, 또는 성령의 열매를 맺기 등으로 설명되어 왔기 때문이다. 이러한 것들도 물론 여정의 목적을 설명하는 데 도움이 되기는 하지만, 하나님과의 연합이라는 고전적 이해는 한 가지 이점을 지닌다. 바로 여정이 무엇인가를 이루는 성취가 아니라 관계라는 사실을 다시금 상기시켜 준다는 것이다.

연합(union)은 혼합(fusion)이 아니다. 내가 그리스도와 연합한다고 해서 내 독립된 자아로서의 존재가 없어지는 것이 아니다. 오히려 나는 그리스도 안에서 나의 가장 진실되고 심오한 자아를 발견한다. 그리고 이러한 '그리스도 안의 나'가 내 새로운 자아가 된다.

하나님과의 연합은 내 존재가 하나님과 근본적인 조율을 이루고 마치 "지구의 중심에 맞닿아 있는 바위"[7]와도 같은 영혼이 되는 것이다. 하나님과 연합할 때 삶이란 하나님의 뜻이 무엇이든지 그것에 단순하게 의탁하는 응답이 된다. 하나님과의 연합은 사랑의 완전함을 내포하기 때문이다. 이것이 바로 사랑으로 변화하는 과정의 마지막 목적을 보여 준다.

기독교의 영적 여정은 사랑에 의탁하는 것 외에 많은 것을 포함한다. 그러나 의탁보다 더 중요한 것은 없다. 하나님의 사랑에 의탁하는 것은 고백, 회개, 순종, 섬김을 필요로 한다. 하지만 위에서 언급했듯이 의탁이 변화를 일으키기 위해서는 그것이 사랑에의 의탁이어야 한다. 그리고 하나님과의 연합으로 이끌기 위해서는 그것이 완전한 사랑에의 의탁이어야 한다.

기독교 영성은 사랑에서 시작되어 사랑으로 끝난다. 그래서 나는 이 책을 나의 아내와 아들, 나의 친구들을 위해서 지난 수년 간 드려 온 기도로 마치고자 한다. 이것은 또한 이 책을 통한 여정을 함께해 준 당신을 위한 기도이기도 하다. 이 기도는 바울이 에베소에서 개척한 교회를 위해 드린 기도를 내 식으로 표현한 것이다(엡 3:16, 19).

나는 당신을 위해 기도합니다. 나는 하나님의 성령이 당신에게 힘을 주사 당신의 영이 강건해지기를 바랍니다. 그리고 사랑 안에 뿌리를 내리고 터가 박혀 당신을 향한 그리스도의 영원하신 사랑의 넓이와 길이와 높이와 깊이가 어떠한지를 깨닫게 되기를 기도합니다.

이 기도를 가지고 당신 자신을 위해서 담대히 기도하기 바란다. 이것이 당신을 향한 하나님의 소원임을 믿기 바란다. 그리고 이 사랑이 당신의 것이 되고 그것이 당신 정체성의 기초가 되게 하라.

기독교의 영적 여정의 목표는 하나님 안에서 그리스도와 연합하는 것이다. 이것이 당신 영혼의 가장 깊은 갈망을 만족시킬 것이다.

주

머리말: 의탁, 사랑, 영성
1) Carl Jung, *Aspects of the Masculine*(Princeton, N. J.: Princeton University Press, 1989), p. 59.
2) John O'Donohue, *Eternal Echoes: Celtic Reflections on Our Yearning to Belong*(New York: HarperCollins, 1999), p. xxii.

1. 모든 것은 사랑에서 시작된다
1) James H. Olthuis, *The Beautiful Risk: A New Psychology of Loving and Being Loved*(Grand Rapids, Mich.: Zondervan, 2001), p. 43.
2) 이 여인의 이야기는 나의 다른 책에 소개되어 있으며 거기에 그녀에 대한 영적 지도의 내용을 기술해 놓았다. *Sacred Companions: The Gift of Spiritual Friendship and Direction*(Downers Grove, Ill.: InterVarsity Press, 2002), pp. 111-117.
3) A. W. Tozer, *The Divine Conquest*(Old Tappan, N. J.: Fleming H. Revell, 1950), p. 26. 「패배를 통한 승리」(생명의 말씀사).
4) 같은 책, p. 67.
5) A. W. Tozer, *The Pursuit of God*(Camp Hil, Penn.: Christian Publications, 1982), p. 14. 「하나님을 추구함」(생명의 말씀사).
6) 같은 책, p. 49.

2. 사랑과 두려움

1) James H. Olthuis, *The Beautiful Risk: A New Psychology of Loving and Being Loved*(Grand Rapids, Mich.: Zondervan, 2001), p. 75.
2) Søren Kierkegaard, *The Concept of Anxiety*, Trans. Riedar Thomte (Princeton, N. J.: Princeton University Press, 1980), 「불안의 개념」(홍신문화사).
3) Philip Yancey, *What's So Amazing About Grace?*(Grand Rapids, Mich.: Zondervan, 1997), p. 45. 「놀라운 하나님의 은혜」(IVP).

3. 의탁과 순종

1) Richard Rohr, *The Spirituality of Imperfection*, audiotape A6711 (Cincinnati, Ohio: St. Anthony Messenger, 1997).
2) Richard Rohr, *Everything Belongs: The Gift of Contemplative Prayer*(New York: Crossroad, 1999), pp. 121-122.
3) Tertullian, Leonid Ouspensky, *Theology of the Icon*(New York: St. Vladimir's Press, 1978), p. 88에서 인용.
4) Francis de Sales, *The Treatise on the Love of God*, trans. Henry B. Mackey(Rockford, Ill.: Tan Books, 1997).

4. 사랑에 의한 변화

1) Trevor Hudson, *Christ Following: Ten Signposts to Spirituality*(Grand Rapids, Mich.: Fleming H. Revell, 1996), p. 67에서 인용.
2) George Benson, *The Silent Self: A Journey of Spiritual Discovery* (Cincinnati: Forward Movement, 1992), p. 84.
3) Gerald May, *Will and Spirit: A Contemplative Psychology*(San Francisco: Harper & Row, 1983), p. 135.
4) Hudson, *Christ Following*, p. 77.
5) 같은 책, p. 81.

5. 사랑이 되다

1) Henri Nouwen, *The Return of the Prodigal Son*(New York: Doubleday, 1992), pp. 120-133. 「탕자의 귀향」(글로리아).
2) 같은 책, p. 125.
3) Carolyn Gratton, *The Art of Spiritual Guidance*(New York: Crossroad, 2000), p. 229.
4) Fritz Kunkel, *Selected Writings*, ed. John A. Sanford(New York: Paulist, 1984).
5) Nelson Mandela, *Long Walk to Freedom*(Boston: Little, Brown, 1994), p. 544. 「자유를 향한 머나먼 여정」(아태평화재단).
6) James H. Olthuis, *The Beautiful Risk: A New Psychology of Loving and Being Loved*(Grand Rapids, Mich.: Zondervan, 2001), p. 44.
7) 같은 책, p. 69.
8) Alan Jones, *Soul Making: The Desert Way of Spirituality*(San Francisco: Harper & Row, 1985), pp. 159-184.
9) Bernard of Clairvaux, *On Loving God*, Trans. Robert Walton(Kalamazoo, Mich.: Cistercian, 1996), 「하나님의 사랑」(크리스챤다이제스트).
10) Jones, *Soul Making*, p. 179.
11) 같은 책, p. 168.

후기: 영적 여정

1) Benedict J. Groeschel, *The Journey Toward God*(Ann Arbor, Mich.: Servant, 2000), p. 146.

옮긴이 김성환은 14세에 미국으로 건너가, UCLA 대학교에서 역사학을 전공하고 풀러 신학교에서 목회학(M. Div.)을 공부했다. 현재 미국 로스앤젤레스 토랜스제일장로교회에서 부목사로 사역하고 있다.

사랑에 항복하다

초판 발행_ 2005년 2월 1일
초판 22쇄_ 2023년 11월 10일

지은이_ 데이비드 베너
옮긴이_ 김성환
펴낸이_ 정모세

펴낸곳_ 한국기독학생회출판부
등록번호_ 제2001-000198호(1978.6.1)
주소_ 04031 서울시 마포구 동교로 156-10
대표 전화_ (02)337-2257 팩스_ (02)337-2258
영업 전화_ (02)338-2282 팩스_ 080-915-1515
홈페이지_ http://www.ivp.co.kr 이메일_ ivp@ivp.co.kr
ISBN 978-89-328-2087-3

ⓒ 한국기독학생회출판부 2005

책값은 뒤표지에 있습니다.
무단 전재와 복제를 금합니다.